父母的重塑

让孩子受益一生的亲子相处之道

沐晨 著

人民邮电出版社

北京

图书在版编目（ＣＩＰ）数据

父母的重塑：让孩子受益一生的亲子相处之道 / 沐晨著. -- 北京：人民邮电出版社，2024.5（2024.6重印）
ISBN 978-7-115-64249-3

Ⅰ. ①父… Ⅱ. ①沐… Ⅲ. ①家庭教育 Ⅳ. ①G78

中国国家版本馆CIP数据核字(2024)第077661号

◆ 著　　　　沐　晨
　　责任编辑　朱伊哲
　　责任印制　马振武
◆ 人民邮电出版社出版发行　　北京市丰台区成寿寺路 11 号
　　邮编　100164　　电子邮件　315@ptpress.com.cn
　　网址　https://www.ptpress.com.cn
　　三河市祥达印刷包装有限公司印刷
◆ 开本：880×1230　1/32
　　印张：6　　　　　　　　　　　　2024 年 5 月第 1 版
　　字数：99 千字　　　　　　　　　2024 年 6 月河北第 2 次印刷

定价：59.80 元

读者服务热线：(010)81055296　印装质量热线：(010)81055316
反盗版热线：(010)81055315
广告经营许可证：京东市监广登字 20170147 号

前言

什么是焦虑？

我听过一个说法：恐惧是因已知的危险而产生的一种情绪，而焦虑是因未知的危险而产生的一种情绪。

我们也可以说，焦虑是因那些根本没有发生的事情而产生的一种恐惧。

为什么我们会对没有发生的事情感到恐惧呢？尤其是一些家长，为什么会因还未出现的孩子的教育问题如此焦虑？

有人说，这是大环境造成的。诚然，这个因素的确给家长和孩子带来很大的压力，但我认为，家长的焦虑其实更多的是源于对未来的不确定性。

记得小时候我读书时，爸爸妈妈经常跟我说的一句话就是："你要好好读书，以后考个好大学，找一份好工作。"很多家长心中都有这样一个朴素的愿望，殊不知，这个愿望并不是属于孩子的，因为孩子还理解不了。可是，很多家长就认为自己的这个愿望应该成为孩子为之奋斗的目标。为了帮助孩子实现这个目标，家长更是倾尽全力为孩子做各种准备：给孩子报兴趣班、带孩子见各种世面、要求孩子必须完成什么样的学习任务……他们认为这样就能帮孩子在不确定的未来谋求好的生活。

家长的这种心情我是完全理解的，但家长的这些做法我却不完全认同。因为家长只是在凭借自己过去的经验为孩子谋划未来，但过去的那些经验在未来甚至在今天看来，都有一定的认知局限。以前一些在家长眼中很好的职业，现在正在逐渐消失。未来随着人工智能的普及，一些现在看来很好的工作也可能逐渐由机器人来完成。未来的一切都将与现在截然不同，未来也会打破家长现在的认知。

既然如此，难道家长现在就什么都做不了了吗？

当然不是。

孩子的成长离不开家长的付出，但这种付出不应该局限于让孩子学多少知识和技能。俗话说"授人以鱼，不如授人以渔"，在知识爆炸的时代，孩子在一生有限的时间内，所学的知识也是有限的，但真正能给孩子带来终身影响的，其实是他们的生活习惯、学习能力、情绪管理能力，以及良好的性格、心态和行为品质等。这些才是他们未来更好地适应社会的法宝。

所以，家长与其天天唠叨，因孩子不听话、不爱学习、情绪暴躁、沉迷手机、跟自己对着干而焦虑，不如先静下心来认真思考一下，如何才能与孩子搞好当下的亲子关系，然后一起为孩子的成长找到正确的方向，再和孩子一起努力，引导孩子积极、乐观、正确地面对自己的人生。这才是做家长的正确方式。

我在工作中接触到大量的家长和孩子，也为他们提供过很多的咨询服务。在这个过程中，我亲眼看到了很多家长因为教育孩子的问题而表现出来的焦虑，也发现了很多家庭教育中存在的共性问题，同时我也深入地思考了这些问题背后的原因及解决方法。为了帮助更多的家长从这种焦虑状态中走出来，帮助家长用正确的态度与孩子相处，用科学的方法去教育孩子，我撰写了这本《父母的重塑：让孩子受益一生的亲子相处之道》。

在这本书里，我分别阐述了 5 个方面的内容，包括家庭环境对孩子的影响、如何缓解负面情绪、如何唤醒孩子的高维智慧、如何让孩子爱上学习以及如何帮孩子培养良好的品格等，从而引导家长认清自己，消除对家庭教育认知的偏差；同时，通过分析孩子身上的各种常见现象，帮助家长走进孩子的内心，掌握与孩子沟通的有效方法，从而真正让孩子回到正常的成长轨道上。

美国心理学家大卫·史华兹曾说过："一种思想如果进入心中，就会盘踞生长。如果那是一颗消极的种子，就会生出消极的果实；而如果那是一颗积极的种子，就会生出积极的果实。"

我希望读到这本书的家长，也能够摒弃那些令人焦虑的"消极的种子"，找到"积极的种子"，将其种到孩子的心中，然后陪伴孩子健康、快乐、自由自在地成长，让孩子成为最好的自己，成就孩子幸福的一生。

目录

第1章　从家庭教育的困境中觉醒

01　原生家庭带来的影响 / 002

02　父母离婚，该不该告诉孩子 / 009

03　为何嘴上说爱，却面目狰狞 / 015

04　面对不听话的孩子 / 021

05　网络成瘾背后的行动密码 / 028

06　父母的唠叨有用吗 / 034

第2章　缓解彼此的负面情绪

01　找到孩子发脾气的原因 / 040

02　孩子的焦虑情绪可能源自父母 / 045

03　孩子厌学情绪的背后 / 050

04 丧偶式育儿带来的影响 / 055

05 放低与孩子对话的声音 / 061

06 与孩子进行高质量的沟通 / 066

07 教育的七字真经：鼓励鼓励再鼓励 / 071

第3章 唤醒孩子的高维智慧

01 激发孩子的潜能 / 078

02 激发孩子的梦想 / 083

03 培养孩子的全球化视野 / 089

04 发掘和培养孩子的领导力 / 092

05 孩子需要具备独立解决问题的能力 / 097

06 较强的表达能力是孩子未来的竞争优势 / 102

07 培养孩子提问的习惯 / 107

第4章 让孩子爱上学习

01 学习高手是怎么产生的 / 114

02 孩子学习路上的三大困境 / 119

03 激发孩子学习的原动力 / 124

04 大语文中的智慧 / 129

05 保护孩子的好奇心 / 133

06 孩子写作业磨蹭怎么办 / 138

07 培养孩子终身阅读的好习惯 / 144

第5章 有好品格的孩子才有好未来

01 正直善良的孩子未来会更幸福 / 150

02 帮助孩子建立真正的自信 / 155

03 允许孩子做独一无二的自己 / 160

04 支持孩子做自己热爱且擅长的事 / 165

05 培养懂得感恩的孩子 / 171

06 鼓励孩子忠于自己的内心 / 175

1

第1章

从家庭教育的困境中觉醒

原生家庭带来的影响

奥地利著名心理学家阿德勒曾说："幸福的人用童年治愈一生，不幸的人用一生去治愈童年。"

可见，个体的原生家庭，是影响其心理和社会行为的重要因素。

作为个体成长的最初场所，原生家庭的确会对其性格的形成产生极大的影响。成长于"不良"家庭环境中的个体，其心理和社会行为都会受到影响，进而更容易产生情绪管理及心理健康等方面的问题。

2018 年，我曾接触过一个 17 岁的女孩。我们在一起聊天时，她告诉我说："老师，等我将来考上大学了，我就想离家越远越好。"

我问她："那你的梦想是什么？"

她说："我最大的梦想就是将来做一名导演，把这个世界上所有灰暗的东西都搬上荧幕，帮助更多人走出阴霾。"

听了她的话，我内心涌出一股莫名的悲伤。我猜想，她很可能是一个被原生家庭严重伤害的孩子。

在我的教学课堂上，有"生命的画像"这样一个环节，它让每个孩子在助教老师的引领下，描绘出一段或明或暗的童年记忆。当这个女孩在体验这个环节时，我发现她全身发抖，看起来十分紧张，又好像十分恐惧。这些身体反应也表明她曾经历过一段痛苦的童年时光。

她还跟我分享了一个关于菜刀的故事。她告诉我，她童年最深刻的、最"难忘"的记忆，就是爸爸妈妈总是吵架，只要一吵架，爸爸就会冲到厨房拿出一把菜刀，恶狠狠地站在妈妈面前，而妈妈总是泪流满面，惊恐地跪在爸爸身边。因为这样的家庭环境，她很早就到学校住宿了。她说："那时，尽管学校离家只有不到3公里的路程，但我每个月只回家一次，每次回家也只是为了拿些钱和自己的衣服，其余时间我都不想回家。"

在说这些话时，她又撸起自己的衣袖，把胳膊伸到我面前让我看。我愕然发现，她的胳膊上有很多伤疤。她说："老师，您见过乌青的胳膊和满身的伤痕吗？如果要问我童年最深刻的记忆是什么，这就是我童年最深刻的记忆。"

可以想象，这个女孩的原生家庭对她造成的伤害，已经对她的心理和性格发展产生了很严重的负面影响。正如家庭治疗师萨提亚所说的："一个人和他的原生家庭有着千丝万缕的联系，而这种联系有可能影响他的一生。"

每个孩子都有不同的原生家庭，并且作为孩子，他们基本上没有能力去改变原生家庭的状态。一个在和谐幸福的家庭中成长起来的孩子，其性格一般比较阳光、开朗、乐观；而一个在充满"战争"的家庭中长大的孩子，其性格一般比较偏激。这就是原生家庭对于孩子性格的影响，且这种影响根深蒂固。著名教育家蒙台梭利就曾说："我们对儿童所做的一切都会开花结果，不仅会影响他的一生，更会决定他的一生。"可见，父母的一言一行都会印刻在孩子心底，成为孩子一生的底色。

我相信，这个世界上绝大多数的父母都是爱自己孩子的，但是，有些父母却放任自己的情绪影响教育，或者因为自身的焦虑，对孩子要求过于严苛，从不在乎孩子的情绪。这也导致很多孩子在童年时期都或多或少地受到原生家庭的伤害，而这种伤害严重到一定程度后，孩子几乎一生都会囿于其中。

通常来说，受原生家庭影响和伤害的孩子在成长过程中会有不同的表现，归纳起来，主要有以下 6 种类型。

第一类：别人眼里的模范生

这类孩子往往学习成绩都很优秀，而且比较听话，是很多人眼里的"模范生"。但其实在乖巧的面具下，他们的内心十分敏感，他们做什么事都小心翼翼，生怕别人对自己不满意。而这种小心翼翼，也是因为他们希望自己可以掌控眼前的一切，用自己优秀的学习成绩来获取在家庭中的话语权。

这类孩子成年之后，往往对任何事都要求做得完美，如果有一件事做得不够完美，他们就会产生深深的内疚感。

第二类：叛逆型的孩子

叛逆型的孩子经常会跟父母起冲突，所以也很容易成为父母指责的对象。从表面看，他们好像很强势、很自我，对别人的管教不服气，其实他们很自卑，自我价值感低，总觉得自己不如别人，什么都做不好。为了掩饰这种自卑心理，他们经常刻意表现出一副叛逆的样子，希望通过这种方式引起别人的关注。

这类孩子步入社会后，往往渴望被社会和身边的亲人认可、肯定、信任和接纳。

第三类：隐身型的孩子

这类孩子平时很安静，经常表现出一副不争不抢的样子，做什么事也都愿意跟随大家一起，好像很没主见。其实，这是因为他们习惯于隐藏自己的情绪和需求，所以他们也比较孤独。

他们成年之后，容易成为缺乏主见的人，做任何事都想跟随大家，甚至为了跟身边的人更好地相处，还会极力讨好身边的人。这种性格也可能导致他们未来在感情、婚姻，甚至在对子女的教育方面出现很多问题。

第四类：习惯照顾别人的孩子

这类孩子在生活中经常被称为"小大人"，他们看起来很喜欢照顾别人，尤其喜欢照顾自己的弟弟妹妹。但实际上，他们内心深处恰恰很渴望得到别人的照顾。

这类孩子长大后，因为过于考虑别人的感受，忽略自己的感受，所以很多时候都在做着自我牺牲，这也往往导致他们的情感被人利用。在情感生活中，他们容易遭遇更多的坎坷。

第五类：家庭"小丑"型的孩子

这类孩子平时喜欢拿自己"开涮"，靠贬低自己娱乐别人。在这些表现背后，其实隐藏着的是他们焦虑的内心，他们只是想用这种方式来缓解内心巨大的压力和恐惧。

这类孩子成年后，通常会缺乏责任感，永远都在找寻依靠，但又不知道自己内心的真正需求到底是什么。

第六类：操控型的孩子

这类孩子总是喜欢找别人的缺点并攻击对方，比如在家时，经常会抓住仅有的机会去攻击家庭中有缺点的其他成员，以满足自己内心的需求。其实他们内心极度缺乏安全感和信任感，只能通过这种操控他人的手段获得关注。

长大后，他们做事多急功近利，也难以较长时间地维持好一段亲密关系。

以上分享的是孩子在原生家庭中遭受创伤的几种表现类型。了解这些，有助于父母避免在教育孩子的过程中运用错误的方法而给孩子造成身心上的伤害。事实上，很多时候父母可能不是故意要伤害孩子，只是在与孩子的相处过程中，不知不觉就将自己身上的焦虑、委屈、愤怒、恐惧等情绪传递给了孩子。父母虽然爱孩子，可是方法错了，就是伤害孩子。

在这个世界上，几乎没有哪所学校、哪个人，对孩子的影响可以超过父母。孩子总会在不知不觉中朝着父母期望的方向成长。孩子不能选择自己的原生家庭，我们也不是生来就会做父母，但是，我们可以努力为孩子营造温馨的家庭氛围和愉快的成长环境，让孩子在充满爱与关怀的环境中成长。面对孩子的成长问题，我们也要努力做不焦虑的父母，用爱与关注平和地解决孩子的成长问题，和孩子共同成长。

02

父母离婚，该不该告诉孩子

据相关统计数据，每年全国有超过百万对夫妻因为不同的原因而离婚。离婚的家庭中，除双方当事人外，受伤害最深的就是孩子。

多年前我曾经接过一个咨询，咨询者是一位母亲和一个十来岁的女孩。咨询刚开始时，女孩一言不发，坐在一边摆弄着头发。母亲泪流满面地跟我倾诉，说女孩有很多行为问题，如偷窃、早恋。

母亲越说越气，甚至说女孩"不知羞耻"。女孩听到这句话后，突然站起来，愤怒地说："我都是跟你学的，你不也是那样做的吗？别以为我不知道你干了什么！"母亲一下子愣住了，过了好一会儿，她才吞吞吐吐地对女孩说："我跟你爸爸，早就离婚了……"

女孩听到这句话，也一下子愣住了，接着眼泪便唰地流了下来，然后低着头喃喃地说："我早就该猜到……"

原来，女孩的父母在她 7 岁的时候就离婚了，但因为怕伤害女孩，她的父母便决定先不告诉她，等她成年后再跟她说。但是，从那以后，女孩就很少在家里看到爸爸，每次她问起，妈妈也只是找借口搪塞过去。后来女孩便不再问了，但感觉这个家非常"别扭"。再后来，她忍不住问妈妈："你是不是跟爸爸离婚了？"妈妈立刻粗暴地否定："小孩子别瞎说，你爸爸出差了！"

从那以后，母女俩的关系越来越糟糕，女孩甚至开始怨恨母亲，并且这种怨恨在某一天到达了极限——女孩无意中看到妈妈和另一个男人牵着手散步。这一幕让她感到愤怒，又让她感觉恶心。于是，从那以后，她就故意做出各种不良行为来激怒妈妈。

这绝不是个例，我相信，很多家庭中父母离婚了，都会觉得不告诉孩子才是明智之举，以为这样就能减轻对孩子的伤害，以为等孩子大一些再告诉他们，他们更容易接受这个事实。

但是，这只是父母一厢情愿的想法而已。几乎任何年龄段的孩子知道父母离婚后，都会受到一定程度的伤害，不管是几岁、十几岁，还是二十几岁。

孩子是家庭的一部分，很多父母常常低估孩子的敏锐程度，以为自己说谎是为了孩子的幸福。殊不知，当孩子看到、感受到的事实与他们被告知的事实是分裂的时候，除了胡思乱想，他们还会经受很多情绪上的折磨。

实际上，父母离婚虽然会给孩子带来伤害，但如果父母处理得当，这种伤害的影响时间是比较短的，孩子也可以尽快适应父母婚姻破碎的状况。

那么，父母怎样告知孩子自己离婚的事实，才能最大限度地减轻对孩子的伤害呢？

我对此总结出了对孩子的"三要"和"三不要"，在这里分享给大家。

"三要"是指要告知、要沟通、要教导。

首先，如果父母已经离婚，或者决定要离婚，而孩子也能够理解父母离婚的意思，那么父母最好一起把这个消息告知孩子，并且告诉孩子："爸爸妈妈离婚不是你的错，只是爸爸妈妈因为某些问题无法继续一起生活，才决定离婚的，但爸爸妈妈对你的爱不会有丝毫减少。"这样可以避免孩子因为担心爱的缺失而感到恐惧。同时，父母也可以告诉孩子，自己以后可能会组建新的家庭，这样可以让孩子提前做好心理准备，不至于以后无所适从。

其次，父母可以向孩子真实地表达自己的情绪，即使跟孩子聊着聊着就哭了，也不要刻意遮掩，要允许孩子看到自己的真实情感。这样孩子才会理解，继而尝试接纳，甚至会给予父母更多的包容。但父母双方此时不要在孩子面前争吵，更不要告诉孩子，自己是因为孩子才忍了这么久没离婚的，这会让孩子产生深深的负罪感，孩子也会因此而变得敏感、委屈、恐惧，这无形中就增加了孩子的心理负担。

最后，父母还要教导孩子如何面对接下来的生活变化，教导孩子如何面对可能的异样声音和目光。比如，如果有人问孩子："你的爸爸妈妈为什么离婚？"父母要告诉孩子如何回应，如"爸爸妈妈是因为性格不合才离婚的，但他们还像以前一样爱我""爸爸妈妈是为了生活得更好，才决定分开的"。这些处理方式能缓解孩子面对父母离婚时的内心焦虑。

"三不要"是指不要攻击、不要剥夺、不要传话。

首先，很多已经离婚或准备离婚的父母，面对孩子时往往会带着过往对彼此的负面情绪，如愤怒、厌恶，甚至是仇恨，用恶毒的语言相互攻击。这会在孩子的心灵中形成一个反抗的、恐惧的，甚至是仇恨的心理视角，对孩子的成长是极为不利的。要减轻对孩子的伤害，父母双方在离婚时或离婚后就要尽量做到对对方不指责、不辱骂、不批评，让自己和对方仍然能在孩子心目中留下美好的形象，温暖和安抚孩子的内心。

其次，不论孩子的抚养权归谁，抚养方都不要剥夺另一方对孩子的探视权，要允许另一方在约定时间来看望孩子，这是另一方的权利，也是孩子的权利。抚养方要尽量不带任何负面情绪地接纳对方对孩子的探视，不要剥夺孩子见自己爸爸（妈妈）的权利。

最后，在孩子跟随抚养方后，另一方可能会在寒暑假或一些特殊的日子接孩子一起暂住，这时，抚养方要给予对方和孩子深深的祝福，让孩子可以带着愉快的情绪去完成这段短暂的旅程。其间，不要让孩子给对方传话，如让孩子跟对方说让对方付生活费、学费等，甚至将一些攻击性的语言借孩子传递给对方。这种做法是极不可取的，会让孩子过早地涉入复杂的成年人的世界，影响孩子的身心健康。同时，孩子回来后，也不要跟孩子过多地打听对方说过的话、做过的事等，不要试图通过孩子获取对方的一些信息。为孩子营造一个清净自在的成长环境，才是父母离婚后最应该为孩子做的事情。

真正对孩子造成伤害的，不完全在于父母的分分合合，而在于父母分开之后孩子感受不到父母的爱，这种伤害才是最深的。

孩子真正在意的，并不是家庭是不是足够完整，而是父母是否能一如既往地爱自己。只要能感受到父母的爱，父母离婚给孩子造成的创伤就能尽快痊愈，孩子也能快乐、健康地成长。

03.

为何嘴上说爱，却面目狰狞

爱是什么样的?

爱应该是喜悦的、幸福的、平和的，是无条件的、不求任何回报的。普天之下，绝大多数父母谈起自己对孩子的爱时，都会流露出真情实感，甚至在遇到生命危险时，也心甘情愿地为自己的孩子付出，竭尽全力地保护自己的孩子。这一点毋庸置疑。

然而，就是这样一份深深的、执着的爱，有时却让孩子备受伤害。因为很多父母虽然很爱孩子，却习惯于以爱之名控制孩子，甚至还美其名曰为"为孩子好"。

前几年有一部名叫《小欢喜》的电视剧，很多人看过后，都觉得电视剧中的单亲妈妈宋倩与女儿乔英子之间的相处模式"太虐心"。乔英子聪明好学、品学兼优，她的梦想是考入南京大学天文学系，但是宋倩坚决不同意，一心只想让女儿冲刺清华大学、北京大学等北京的高校。为了这件事，母女两人争吵过多次，乔英子甚至被妈妈逼到了崩溃的边缘，歇斯底里地朝妈妈吼道："我就是想要逃离你！"

为什么世界上最亲密的两个人，关系却糟糕到这种程度？

原因就在于，宋倩是个控制欲特别强的妈妈，她不但在生活中对女儿事无巨细地控制，在学习方面也控制得非常严格，甚至不想让女儿参加课外活动。这种令人窒息的爱让女儿几乎忍无可忍，女儿大声朝妈妈喊道"我讨厌你！"。而宋倩在听到女儿这句话后，内心的最后一道防线也被彻底击溃。她狠狠地打了女儿一耳光，哭着对女儿说："妈妈一个人带你长大的呀！我白天要上课，晚上还要备课，我起早贪黑地买菜做饭，照顾你的起居，我容易呀，我压力不大呀？"

毋庸置疑，宋倩很爱自己的女儿，对女儿也是尽职尽责。但是，当她把所有的情感和希望都寄托在女儿一个人身上时，这份爱就变成了沉重的负担，把女儿压得喘不过气。

心理学家李雪曾说："一个身体只能承受一个灵魂。如果父母的控制密不透风，孩子实际上已经精神死亡。"

身上背负太多东西的孩子，注定走不了太远，而控制欲极强的父母对孩子来说，更是一场毁灭性的灾难。

我相信世界上几乎所有正常的父母都希望自己的孩子幸福快乐，但是在教育孩子的过程中，很多父母口口声声对孩子说着"我爱你"，实际却是面目狰狞，甚至在孩子面前表现出了自己性格当中最恶劣的一面。

孩子在成长过程中，总会不可避免地出现各种各样的问题，这时，有些父母就会被焦虑情绪裹挟，在孩子面前表现出激动、愤怒甚至偏激的情绪，并且不经过思考就采取行动。这种不恰当的表现往往会削弱父母理智思考和适时反应的能力。在这种情况下，父母会偏离自己心中理想父母的角色，事后又会自责、懊悔。

事实上，父母之所以会这样对待孩子，一般有以下几种原因。

第一，被原生家庭伤害。

美国的苏珊·福沃德所作的《原生家庭：如何修补自己的性格缺陷》一书就表达了这样的观点："不健康的家庭体系就像是高速公路上的连环追尾，其恶性影响会代代相传。"

很多人一生都不知道自己深受童年时在原生家庭中遭受的创伤的影响，但这种创伤却使得他们日后在为人父母时，同样会复刻自己父母的错误。这就导致原生家庭带来的伤害传递下去，进而伤害下一代。蝉联世界冠军 9 年的"拳王"泰森，童年时就生活在一个充满暴力的家庭当中，所以他长大后也认为武力可以解决一切问题。

第二，过度表现自己的付出。

一部分父母虽然口口声声说自己爱孩子，甚至动不动就在孩子面前说："宝贝，你是妈妈的一切，妈妈做的所有事都是为了你。""爸爸为你付出什么都愿意。"这些话听起来好像很伟大，殊不知对于孩子来说非常可怕，不仅会给孩子带来沉重的心理压力，甚至会让孩子一生都摆脱不了父母的束缚与控制。可以说，这些话都带有极大的负能量，不但不是真正爱孩子的表现，反而会给孩子带来深深的伤害。

第三，没有体验过真正幸福的生活。

很多时候，父母因为种种问题而生活在一种强烈的焦虑和不安之中，这种焦虑和不安可能来自较大的经济压力，也可能来自夫妻间情感不和、安全感缺乏等。如果父母不能被看到、被理解，就无法从这种焦虑和不安之中走出来，一生也很难有机会体验真正幸福的生活。这时，当孩子出现一些问题时，父母的焦虑和不安就会加剧，父母因此会在孩子面前露出狰狞面目。

第四，对完美父母的寻找与渴求。

由于自己童年时的生活不够幸福，长大后，他们即使为人父母，也会一直处于对完美父母的寻找与渴求中。当然，完美父母是不可能存在的，这时他们就会用幻想的方式寻找与渴求一个完美的孩子。一旦孩子达不到自己的期望，他们就会对孩子大发雷霆，甚至表现出一定的暴力倾向。

这种情况在很多家庭中都存在，这也是亲子关系不和谐的一个重要原因。事实上，生命中的一切关系都很难达到真正的和谐，也不可能呈现出完美的状态。但如果父母认识不到这一点，就很难对孩子表现出真正的爱。

由以上分析可以看出，父母在孩子面前情绪不稳定，明明很爱孩子，有时却表现得面目狰狞，其根本原因在于父母没有很好地学会爱自己，时常有一种对爱的无力感，因而也不知道如何去爱孩子。想要真正地学会爱孩子，唯有消除原生家庭给自己带来的创伤，消除生命中这种对爱的无力感，破除对完美父母的寻找与渴求，让自己成为真正懂得爱的人。

爱是充满智慧的。想要成为面对孩子不焦虑、情绪稳定的父母，就必须勇敢地正视自己内心的焦虑、不安和恐惧，接受自己的不完美，努力让自己走出原生家庭带来的创伤，努力让自己成为懂得爱、学会爱的人，不要让过往的经历妨碍自己成为好的父母。当父母解决了自己的难题，也就学会了运用更加灵活、更加理智的方式对待孩子。这时的父母，才能真正学会如何去爱孩子，如何为孩子和自己营造健康、稳定的生活环境。

04.

面对不听话的孩子

不知从什么时候开始，"别人家的孩子"成了父母的口头禅，似乎在父母眼中总是别人家的孩子更加优秀，而自己家的孩子不仅玩心重，还老是不听话。

其实，这是一种错误的认知。孩子在成长过程中一般会出现两次叛逆期，一次是儿童期，另一次是青春期。出现叛逆期后，就算是"别人家的孩子"，也会有不愿意听父母话的时候。所以，父母应该做的是正视自家孩子"不听话"的现象，而不是去羡慕"别人家的孩子"。

很多时候，孩子不听父母的话，跟父母关系不亲密，这也不完全是孩子的错，只是因为父母与孩子的关注点不同而已。比如，一些父母平时处理不好自己的负面情绪，带着负面情绪跟孩子沟通，这就会影响与孩子的关系，导致孩子不愿意听父母的话。

举个最简单的例子，当你下班后很晚才回到家，你看到孩子的作业还没有写完，而孩子正坐在客厅里，边吃零食边看电视，你是不是很想对孩子发火？有的人可能根本忍不住，立刻就会大声责骂孩子。殊不知，孩子可能是因为作业中有些题目不会做，正想等你回来后问问你；而你迟迟没有回来，孩子感到肚子饿了，便吃一点零食垫垫肚子，顺便打开了电视。如果你不分青红皂白地对孩子一通批评，肯定会引起孩子的不满。孩子会觉得你冤枉他、不理解他。如果经常发生这样的情况，孩子自然就不愿意再听你的话了。

这也提醒我们，当发现孩子没有按照我们的想法做事时，

不要马上指责、批评孩子，也不要带着负面情绪与孩子沟通，而是要先找到孩子这样做的原因——这才是我们最应该关注的重点，然后再去对症解决问题。

比如，孩子这次的考试成绩不理想，不论孩子是什么性格，他此刻一定是有些沮丧的，甚至不好意思面对家人。这时，孩子的情绪就会很低落。而如果这时你首先关注的不是孩子的情绪，是他的考试成绩，你可能就会很生气，甚至直接批评孩子不努力、不认真，粗心大意。在这种情况下，你的做法就相当于关闭了与孩子沟通的渠道。哪怕此时孩子心里感到非常委屈、不甘、难过，或者是对学习上的一些问题有疑惑，他也不会再跟你倾诉了。结果就是孩子的问题完全没有解决，孩子还对你关闭了心门。以后孩子再出现其他问题，你也很难洞悉孩子内心的想法。

如果父母经常认为孩子是不诚实的、不可信的、没有能力的，那么孩子的任何言行在父母眼中都是糟糕的、可疑的，于是父母就会限制孩子的言行，而孩子的内心也会因此烙下"我不行""我很差劲""我不被信任"等印记。为了避免被父母责罚，孩子做事要么畏首畏尾，要么偷偷摸摸，结果就是孩子更加远离父母期待其达成的目标。

相反，如果父母认为孩子是诚实的、可信的、有能力的，孩子哪怕做了不好的事情也是有原因的，并且父母愿意听孩子解释，那么孩子也会愿意跟父母分享自己的故事和想法，并愿意接受和听从父母的一些建议。这才是父母与孩子之间最好的相处模式。

所以，想要解决孩子不听话的问题，父母首先要弄清的就是孩子为什么不听话。这就需要父母与孩子之间建立起比较完整的沟通渠道，并且努力做到下面几点。

第一，耐心地倾听孩子的讲述。

很多时候，孩子不听话并不是故意惹父母生气，而是不接受父母的行为和态度。

比如，孩子在学校与同学发生矛盾，甚至可能发生肢体冲突，回到家后就想把这件事告诉父母。结果父母还没等孩子说完，就立刻焦虑地批评孩子："你怎么总跟同学闹矛盾？""为什么人家打你却不打别人？""你就不能把注意力放在学习上，让我省点心？"……

试想一下，如果你向别人倾诉自己的烦恼时，换来的是这样的回答，你还会继续与对方沟通吗？

这种沟通方式说明父母缺乏对孩子的理解。此时，孩子最需要的就是父母耐心地倾听自己在学校里的遭遇，理解和接纳自己的情绪，而不是批评、指责和教育。如果父母能认真倾听孩子的讲述，并做出有效回应，如："哦，原来是这样，妈妈理解你。""原来是发生了这样的事，那你一定很伤心。""如果换成爸爸，爸爸可能也会很愤怒。"孩子听到父母的这些回应，心中就会觉得自己是被父母理解和接纳的，他们也愿意继续畅快地表达自己的所思所想。

很多时候，当孩子畅快地表达完之后，不仅情绪会得到缓解，父母再给他们任何建议，他们也更容易接受、更愿意听从。这往往比直接批评、责骂孩子一通更有效果。

第二，让孩子参与到解决问题的过程中。

孩子的成长是一个漫长的过程，其间总会不可避免地出现各种各样的问题，这时一些父母就会认为是孩子犯了错。但在问题出现的当下，孩子不一定真的错了，只是父母习惯站在成年人的角度去解读孩子的行为，才会认为是孩子犯了错。

事实上，父母没办法要求一个几岁或十几岁的孩子拥有成年人一样的心智。所以，当父母面对孩子所谓的问题的时候，不要盲目地进行惩罚，这只会剥夺孩子自我反省的机会，从而很容易让父母与孩子之间对立起来，无法很好地解决问题。孩子不是麻烦的制造者，而是解决问题的过程的参与者。

想让孩子听话，父母就要学会与孩子站在同一支队伍里。面对孩子的问题，与其通过惩罚来解决，不如让孩子也参与到解决问题的过程中来，这样既能让孩子知道自己到底哪些地方做得不对，也能让孩子知道下次再遇到同样的问题时该如何解决。

第三，用幻想的方式帮孩子实现愿望。

有些时候，孩子提出的一些要求父母无法满足，或者父母当下不允许孩子这样做，孩子就开始发脾气、不听话。尤其对于年龄较小的孩子来说，他们理解不了父母这样做的原因，也听不进去父母的解释，只能用闹情绪的方式来表达自己的不满。

比如，有的孩子在冬天要吃冰激凌，但孩子的肠胃又不太好，父母可能就会拒绝孩子的要求，并告诉孩子，冬天吃冰激凌很容易肚子疼。但孩子听不进去，非闹着要吃，认为是父母故意不给自己买。

在这种情况下，父母首先要理解孩子，如对孩子说："妈妈理解你的感受，甜甜的冰激凌确实很好吃。不过，你的肠胃不好，冬天吃冰激凌也许会让你的肠胃受伤，那时你就会拉肚子，很难受哦！"

如果孩子还是不接受，父母可以继续对孩子说："要不这样吧，妈妈用苹果给你做一个特殊的'冰激凌'，你就假装自己已经吃到了冰激凌，怎么样？"

孩子一听，可能会觉得这种方法很有趣，于是就让妈妈把苹果做成冰激凌的样子，吃到这样一个特别的"冰激凌"，孩子的情绪也就好转了。

这就是在用幻想的方式与孩子进行沟通，让孩子知道父母是理解他的。孩子虽然没吃到真正的冰激凌，但在幻想中已经吃到了，并且吃的还是苹果味的"冰激凌"。

总之，孩子的想法不可能永远与父母的想法保持一致，当孩子的想法与父母的想法相悖时，父母应该尊重和理解孩子的想法，不要轻易用"不听话"来定义孩子。父母与孩子一样，也在不断学习，只不过孩子学习的是如何与这个世界相处，而父母学习的是如何与孩子相处。

孩子事事都听话不见得是好事，因为如果他不管遇到什么问题都听父母的话，渐渐地就会丧失独立思考的能力。因此，当父母发现孩子"不听话"时，应先控制好自己的情绪，用平和的心态看待孩子的表现，并与孩子进行耐心的沟通，弄清孩子内心的真实想法。毕竟只有彼此交换想法，才能使父母和孩子之间的交流更加顺畅，解决问题也更加有针对性。

05.

网络成瘾背后的行动密码

　　网络成瘾已经成为一种普遍现象。尤其是处于青少年时期的孩子，一旦沉迷于手机、计算机，学习成绩很可能会大幅下降。更严重的是，网络成瘾还会导致孩子出现一系列的心理问题。

　　在谈及对孩子的教育时，许多父母总会不可避免地谈到孩子网络成瘾的问题，并对此表现出深深的担忧和焦虑。可以说，孩子网络成瘾已经成为能够引起当代父母共鸣的一个问题。很多父母面对网络成瘾的孩子，既焦虑，又无可奈何。怎样才能避免孩子网络成瘾？对于已经网络成瘾的孩子，该怎么将他们从虚拟的网络世界里拉回现实？要想解决这两个问题，首先要找到孩子网络成瘾的原因。

　　我对孩子网络成瘾的问题进行了深入的分析，总结了以下几点原因。

第一，父母缺乏与孩子沟通的能力。

近两年流行这样一句话：几乎所有的职业都需要持证上岗，唯独父母不需要。没有经过"岗"前培训的父母，大都缺乏与孩子沟通的能力，无法与孩子之间建立沟通渠道。这些父母自己有负面情绪时，没有能力很好地处理，很容易将负面情绪发泄在孩子身上；而当孩子有负面情绪时，这些父母也没有能力很好地处理，更不知道如何引导和鼓励孩子愉快地学习与生活。这就会导致孩子到网络世界中去发泄情绪、寻找情感寄托。

第二，父母没有帮孩子养成阅读的习惯。

很多父母自己喜欢上网，平时跟孩子在一起时，手机也不离手，基本不会陪孩子一起读书，更不知道帮孩子养成阅读的习惯有多么重要。在这种情况下，孩子自然而然地跟着父母一起上网。如果孩子没有养成阅读的习惯，那就只能靠上网打发空闲时间了。久而久之，孩子便会养成没事就上网的习惯。而孩子如果在学习上遇到困难，或者学习到一定阶段感到烦躁，也可能会想通过上网来缓解压力和焦虑。

第三，孩子缺乏良好的爱好和兴趣。

在一个家庭当中，如果父母没有养成良好的学习习惯，也没有良好的爱好和兴趣，那么孩子也很难养成良好的学习习惯，培养良好的爱好和兴趣。也就是说，在这些孩子的成长历程中，他们很难形成多方面的、积极的、良好的爱好和兴趣，这样他们就容易到虚拟的网络世界中去寻找在现实世界中缺失的兴趣和爱好。

第四，父母不懂得尊重孩子。

教育专家孙云晓曾说："教育孩子的前提是了解孩子，了解孩子的前提是尊重孩子。"但是，大部分父母受传统文化及父辈祖辈的影响，加之自己在孩童时期几乎没有得到过尊重，面对自己的孩子时，也理所当然地认同并延续这样的教育理念和方式。哪怕是受过高等教育、接受尊重孩子这种思想的父母，也很难在方方面面都尊重孩子。在这种情况下，一旦孩子出现问题，父母便马上摆出自己的威严，要求孩子必须听自己的。孩子在父母这里得不到尊重和理解，就容易出现压抑、焦虑等负面情绪，并急于寻找一个情绪出口，而与父母沟通的渠道关闭的孩子便会到虚拟的网络世界中去寻找出口。

简单来说，当孩子的心理需求在现实生活中没有得到满足时，孩子就容易到网络世界中去寻求满足感，以抵消现实生活给自己带来的缺失感。而孩子在现实生活中得到满足的心理需求越少，网络世界在满足其需求方面的优势就越大，孩子的网络成瘾问题就会越严重。一旦孩子沉迷于网络，其学习成绩和身心健康都会受到严重影响。网络上的内容良莠不齐，有很多不良信息和错误的价值引导，甚至还有很多利用网络进行犯罪的活动。孩子年龄小，缺乏社会阅历，人生观和价值观尚处于形成期，这导致孩子缺乏明辨是非的能力，很容易被网络上一些不健康的内容所诱导。

因此，父母一旦发现孩子有沉迷于网络的苗头，就要尽快采取措施，帮助孩子远离网络。孩子沉迷于网络的背后往往存在一些心理方面的问题，父母要以疏导为主，切忌以强硬的方式逼迫孩子远离网络。

以下是我给父母的几点建议，希望能帮助父母解决孩子的网络成瘾问题。

第一，给予孩子高质量陪伴。

什么是高质量陪伴？

很多父母对高质量陪伴有认知误区，认为高质量陪伴就是跟孩子待在一起，孩子玩孩子的，自己在一旁做自己的事情；或者是在某段时间内陪孩子读书、写作业，监督孩子尽快完成作业，发现孩子不认真就批评、指责孩子。

其实这些都不是高质量陪伴。真正的高质量陪伴，应该是父母带着积极的情绪走进孩子的世界，积极地回应孩子，耐心地跟孩子交流，感受孩子的情绪，了解孩子的行为，倾听孩子的话语，站在孩子的角度思考问题，让孩子主动分享自己构建的小世界。

第二，给孩子做个好榜样。

想让孩子远离网络，戒掉网瘾，父母就一定要给孩子做个好榜样，平时要做到少玩手机、少玩各种网络游戏。如果孩子需要使用电子产品，父母应限制其使用时间。孩子在学习时，父母不要坐在一旁玩手机，可以坐在一旁看书，或者做点家务。

许多父母习惯在吃饭时看电视、玩手机，其实与其看电视、玩手机，不如利用这段时间跟孩子聊聊天，让孩子感受到父母的关怀和家庭的温暖。

第三，陪孩子做一些有意义的事。

有些时候，孩子之所以沉迷于网络，是因为感受不到父母的关心，跟父母之间也很少有互动。想让孩子远离网络，父母不妨抽些时间陪孩子一起读书、一起画画、一起做游戏，或者一起做一些其他有意义的事，比如听音乐、旅游或者运动等，让孩子找到比上网更有乐趣的事。这些活动还能提高孩子的创造力和想象力，提高孩子的身体素质。

归根结底，孩子沉迷于网络的背后，是他们没有得到父母的关注、认可和高质量陪伴。在这种情况下，他们便会到虚拟的网络世界里去寻找温暖。当孩子感受到现实生活的美好与丰富多彩时，自然就会远离虚拟的网络世界了。

06

父母的唠叨有用吗

　　著名作家马克·吐温有一次去教堂听牧师演讲，一开始他觉得牧师讲得很好，就准备演讲结束后给教堂捐很多钱。过了10分钟，牧师还没讲完，马克·吐温有些不耐烦了，决定只捐一些零钱。又过了10分钟，牧师还在讲，马克·吐温更加不耐烦了，于是决定一分钱也不捐。

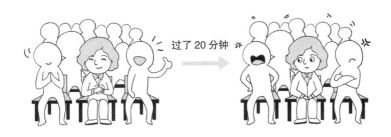

过了20分钟

　　这个故事诠释了一种心理现象：刺激如果过多、过强或作用时间过久，就会引起一种极其不耐烦或逆反的心理。这种心理现象被称为"超时效应"。

回想一下，在跟孩子相处的过程中，你有没有喋喋不休地批评孩子的时候？如果有，这就容易导致"超时效应"，让孩子表现出不耐烦的状态或出现顶嘴等行为，有些孩子甚至直接跑出家门，不想再听父母的唠叨。

唠叨的背后，其实隐藏的正是父母的不安和焦虑，是父母面对不听话的孩子时的不知所措，或者是父母对自己的负面情绪的束手无策。在这些唠叨行为中，有些是担心孩子的学习，有些是对孩子的不良生活习惯感到不满，有些是希望引起孩子对学习的重视，或者促使孩子改正不良生活习惯。

从某种角度来说，唠叨似乎是一种关心，甚至这种关心已经成了父母下意识的行为：一件事说好多遍、提醒好多次，甚至一句话讲了又讲。但是，唠叨非但没让孩子感受到关心，反而成了孩子的负担。孩子从唠叨中获得的直观感受就是：你不相信我能独自处理好这件事，你一直想要控制我。有些孩子甚至会认为父母的唠叨全都是对自己的指责、质疑和不尊重。而感受不到被尊重的孩子，往往也更容易表现得叛逆。

可见，在家庭教育中，唠叨所起的作用十分有限，有时唠叨甚至还会给孩子带来很多负面影响。孩子长期生活在充满父母唠叨的环境中，不仅自己会受到影响，还会不自觉地模仿父母的沟通方式，长大后对自己的伴侣和孩子也采用同样的方式进行沟通，这就是原生家庭给他们带来的深入骨髓的影响。

实际上，很多父母之所以会唠叨，并且难以改变，主要是因为他们几乎把所有的注意力都放在了孩子身上，而不会反思自己。即使孩子出现一些问题，父母也不会从自己身上找原因。心理学家认为，唠叨与父母的心理状态存在一定关系。父母内心深处缺乏安全感时，就总是会担心孩子出错，或者担心自己没有将一些事情交代清楚。如果父母对细节要求较高，控制欲又比较强，这种倾向会更加明显，并且他们会试图通过唠叨的方式缓解和转移自己的焦虑情绪。只不过，这样做让他们自己的情绪得到了释放，却影响了孩子。

如果你不想影响亲子关系，不想让孩子因为你的唠叨而变得叛逆，甚至不自信，那么就请你从现在开始改变自己。

首先，不要被负面情绪支配。

当你看到孩子的一些行为与自己的期望不符，想要唠叨时，先深呼吸，提醒自己克制一下，然后去体会自己的情绪，如："我体会到了自己的愤怒情绪，我此刻正处于愤怒情绪中，但我要成为情绪的主人，不让情绪控制我的言行。"

情绪本身是中性词，是我们赋予了情绪一定的力量，才让它影响了我们。了解了这些，我们就要努力将自己从负面情绪中剥离出来，然后客观冷静地看待孩子的言行。

其次，学会放手。

任何一个孩子都不可能一直按照父母的要求和期望做事，总会有一些自己的想法和行为，但绝大部分孩子都能健康成长。所以，父母要相信自己的孩子，相信他们有能力处理自己的问题，哪怕开始时他们做得不够好。成长是一个过程，孩子偶尔表现不好，或者做错了事，也没什么大不了的。多给孩子一些时间和耐心，学会放手让孩子自己去解决一些问题，这样往往对父母和孩子都更好。

最后，多与孩子沟通，但不要翻旧账或贴标签。

孩子在成长过程中，总会出现各种各样的问题，这时唠叨是不起作用的。与其唠叨，倒不如好好与孩子沟通，弄清问题出现的原因。

比如孩子早晨不愿意起床，那么父母就可以问问孩子：是不是昨天晚上写作业导致睡得太晚？如果是这样，父母可以跟孩子沟通一下他的作息时间，看看怎么能让孩子既按时完成作业，又不至于晚睡，影响第二天起床。

在跟孩子沟通时，父母一定不要翻旧账或贴标签，如："之前就跟你说过很多次，不要看书到那么晚！""跟你说的话，你从来都不听！""你就是懒，故意不想早起！""我就没见过你这么不听话、不懂事的孩子！"

这些话都会给孩子造成一定的负面影响，孩子不但不会因此而听父母的话、接受父母的建议，反而可能破罐子破摔："反正你认为我懒，那我早晨就起得更晚！"这样一来，教育就失去了意义。

大多数父母都会为自己的孩子着想，希望孩子变得更好，但唠叨不但达不到良好的效果，还会影响亲子关系。孩子出现问题时，聪明的父母会多从自己身上找原因，而不会把所有责任都推到孩子身上，对孩子一通唠叨。学会适时地闭上自己的嘴，多给孩子一些空间，孩子反而会成长得更好。

第 2 章

**缓解彼此
的负面情绪**

01

找到孩子发脾气的原因

不少父母都向我反映，对孩子发脾气、闹情绪的行为感到十分苦恼，不知道该怎么办。

此前我也在网上看到过很多相关新闻，其中有一则新闻给我的印象很深刻。一个孩子在学校里跟同学发生了冲突，被老师叫了家长。协调完后，妈妈便开车带着孩子回家。在车驶上大桥时，妈妈又说了孩子几句，没想到这几句话让孩子彻底崩溃，孩子立马就从车上跳下来，不顾周围来往的车辆，径直跑向大桥一旁的栏杆，随后一跃而下，结束了自己的生命。

事情一出，网友们纷纷提出疑问：妈妈到底对孩子说了什么，让孩子这么崩溃？孩子的情绪到底来自哪里？……

看完这则新闻后，我在对这条年轻生命的逝去感到遗憾和可惜的同时，也曾深思这个孩子到底为什么会这么冲动。根据经验，我认为，孩子发脾气主要有以下几个原因。

第一，父母随便给孩子贴标签。

有些父母一发现孩子有反常行为，就开始给孩子贴标签。比如，孩子跟别人吵架了，父母马上就说孩子是"熊孩子"；孩子对一件事稍微表现出不满意，父母就说孩子"不懂事"。

实际上，当父母给孩子贴各种各样的标签的时候，孩子也会反思：我真的是这样的人吗？

有些孩子会认为："我就是这样的人。"这样一来，他们可能会自暴自弃："反正爸爸妈妈都说我是这样的人，那我索性就这样了！"

有些孩子则会认为："我不是这样的人，爸爸妈妈污蔑我。"这样一来，他们就会更加排斥父母给自己贴的标签，不断重复自己的行为，不断地发脾气。

第二，父母过度纵容孩子。

如果父母对孩子过于宠溺，孩子就容易犯错，发脾气更是常有的事。而且这类孩子很容易形成以自我为中心的性格，情绪更是说来就来，全然不考虑其他因素。

第三，父母的不良性情会影响孩子。

如果父母性情暴躁易怒，他们在教育孩子的时候也保持着这种状态，孩子就会学习父母的沟通方式，或者对自己进行心理暗示，认为父母这样对待自己是正常的，自己与他人相处时也可以这样做。随着年龄的增长，他们还有很大概率"继承"父母这种暴躁易怒的性情。

孩子发脾气，家庭中的每个成员都是有责任的，尤其是孩子的父母，更应该对这个问题进行反思。我在跟一些父母沟通时，也经常谈到孩子发脾气的问题。孩子发脾气时，以压制孩子、向孩子妥协或者冷处理等方式处理都是不恰当的，这会使孩子要么变得更加暴躁，要么故技重施，要么不断压抑自己的情绪，这些显然都不利于孩子的身心健康。

一般来说，当孩子发脾气时，我建议父母试试下面的方法。

首先，理解孩子的情绪。

在很多父母的认知中，孩子发脾气是错误的，父母就应该批评孩子、制止孩子。其实，不论是大人还是孩子，都会有情绪，只是情绪有正面和负面之分。对于正面情绪，我们可能不太在意，认为这就是一种常态；而负面情绪出现时，我们又会将其放大。这其实是一种认知误区。

当孩子发脾气时，父母不应该把它当成绝对错误的事，而应该把它当成情绪的一种正常表达，继而用平和的态度与孩子沟通，引导孩子正确地表达自己的情绪和需求。久而久之，孩子就能学会如何正确地表达自己的情绪和需求，而不会动不动就发脾气。

其次，学会站在孩子的立场考虑问题。

有些时候，孩子发脾气的行为虽然看起来莫名其妙，但其实任何事情的发生都有其深层原因，父母要做的就是找到这个深层原因，然后对症解决问题。比如，孩子在学校受欺负了，回到家后就有可能对父母发脾气；或者孩子没睡好，早晨起床时也可能会闹情绪。

如果父母学会站在孩子的立场考虑问题，努力找到孩子发脾气的深层原因，问题就不难解决了。

最后，设定合理的规矩。

虽然父母应该尊重孩子、理解孩子，但孩子也会有任性的时候。要避免这种情况发生，父母平时就应该给孩子设定合理的规矩，让孩子知道哪些行为是不被允许的。当孩子无理取闹时，父母要坚定地表达对孩子的这种行为的不满，并告知孩子这种行为可能造成的后果。同时，父母还要清楚地告诉孩子自己对他的期望，帮助他理解哪些行为是父母允许或鼓励的。

比如，孩子刚刚吃完饭，就马上要求吃零食，父母不让吃，孩子就摔东西、哭闹。这时，父母可以明确告诉孩子："吃完饭不能马上吃零食，这会导致消化不良。如果你非要这样做，那么我们就不再允许你吃零食；如果你能等待两小时，等你刚吃下的食物消化一段时间，我们就允许你吃一些。"

这样跟孩子沟通，一方面可以让孩子知道自己现在的行为是不被允许的，如果自己坚持吃零食，以后就不能再吃了；另一方面也可以让孩子知道，如果自己遵守规则，就能在两小时后吃零食。

处理孩子发脾气的问题是父母面临的巨大挑战之一，问题如果处理不好，不但不能帮孩子学会管理自己的情绪，还会影响亲子关系。但是，如果父母能理解孩子的情绪，并与孩子建立顺畅的沟通渠道，设定合理的规矩，就能帮助孩子学会管理自己的情绪，清晰地表达自己的情绪和需求，并培养情绪调节能力。这样的处理方式能帮助孩子更加冷静地面对情绪困扰。

孩子的焦虑情绪可能源自父母

我曾遇到过一个 13 岁的女孩，当时，她正因为上初中需要住校而非常焦虑。她一见到我，就跟我说自己心里很烦躁，感觉活着真累。

我跟她聊了一会儿，了解到这个女孩是因为害怕长时间在学校读书，没有自由活动的时间，所以才焦虑不已。我对她说："你可以看看日历，从开学那天开始，只有三天就到周末了，然后就会放两天假；再去学校上几天课，就到中秋节了，又会放假；中秋节后，你再去学校上十几天课，就又要放国庆节的假了，而且其间还有周末。这么一算，其实你在学校待的时间并不长。"

女孩听完后，一下子开心地笑了起来，说："是啊，我怎么没注意呢，还真是这么回事！"

我又继续跟女孩聊天，结果得知，原来是女孩的妈妈一直在她耳边说："你上初中后，妈妈就不能经常看到你了。""妈妈不能在你身边照顾你，你自己可要照顾好自己！""初中不像小学，初中学习任务加重，你就不自由了。"……在妈妈的影响下，女孩便觉得上初中是件很可怕的事，所以才变得非常焦虑。

　　这个案例让我意识到，其实孩子的很多焦虑情绪都源自父母。孩子对一件事可能没那么敏感，觉得它没什么大不了的，反而是父母对此焦虑、担心不已，反复跟孩子强调这件事，结果给孩子带来了很大的压力，让孩子也变得焦虑。但父母自己可能并没有意识到，他们的这种焦虑情绪其实已经影响到了孩子。

孩子在成长过程中会面对无数道选择题，父母则可能因此陷入纠结之中，而严重的纠结会变成焦虑，这也会影响孩子，让孩子随之陷入焦虑之中。

在有些家庭中，孩子的焦虑情绪是非常严重的。父母想要改变孩子的这种状态，能做的就是运用正确的教养方式，帮助孩子远离焦虑。

首先，父母要和孩子保持适当距离。

家庭教育最大的禁忌，就在于父母和孩子的距离太近，彼此之间没有空间，这会导致很多问题出现。

比如，当父母与孩子相距 1 米时，父母会清晰地看到孩子所做的一切，当看到孩子有不符合自己期望的行为时，就想要干涉；当父母拉开与孩子的距离，与孩子相距 5 米、10 米时，父母可能时不时地看孩子一眼，只要孩子没有做出格的事情，父母就能安心地处理自己的事情，再回到孩子身边时，可能发现孩子自己已经解决了问题。对于孩子而言，没有父母在身边时，他们更愿意自主地解决问题。这时，只要父母不焦虑，孩子可能就不会焦虑。

其次，减少自己的焦虑行为，控制好自己的情绪。

很多时候，父母不管是出于关心还是其他原因，都容易在孩子面前表现出一些焦虑行为和情绪，从而影响孩子。这就提醒父母，在孩子面前表现出的焦虑行为和情绪一定要适度，要学会减少自己的焦虑行为，控制好自己的情绪。

比如，孩子见到陌生人时有些紧张，不敢主动问好，哪怕父母一直对孩子说"要向叔叔问好，说'叔叔好'！""要跟阿姨打招呼，不然就是没礼貌！"，孩子还是不敢。这时有些父母就会很焦虑，觉得孩子的这些表现让自己很没面子，于是就可能责骂、批评孩子。

其实大可不必，只要父母友好地跟别人交往，即使孩子现在不敢主动向对方问好，他们也会暗暗地学习父母的做法。总有一天，他们会战胜自己。但如果父母因此而责骂、批评孩子，甚至给孩子贴一些负面标签，如"没礼貌""胆子小""没出息"等，只会让孩子将这些负面标签记得更牢，并慢慢认同这些负面标签，认为自己就是父母说的那种人，内心也会更加焦虑。

所以，父母只需要自然地带着孩子跟别人交往，不需要表现出强烈的情绪。哪怕孩子有时的表现不那么完美，父母也只需要平静地告诉孩子怎样做会更好。孩子有自己的认知，也有自己的判断标准。在父母的影响下，他们会慢慢知道自己应该怎么做。

在电影《怦然心动》中，朱莉的父母几乎从不动怒，总是耐心地体察朱莉的情绪。哪怕朱莉无理取闹、无故犯错，他们也不会打骂她，而是淡定从容、温柔坚定地告诉她该怎么做。在父母温暖和煦的关怀下，朱莉成长为一个热情大方、独立自信、阳光率真的女孩。

最后，多给予孩子正面、积极的情感暗示。

父母的支持和鼓励是孩子不断向好的动力。当孩子凭借自己的能力完成一件事时，父母一定要及时地给予孩子表扬和赞许，给予孩子正面、积极的情感暗示，强化孩子的积极行为。如果孩子在做某件事时犯了一点小错误，或者出现了一点小问题，父母也不要过分放大，只需要坦诚地给孩子指出来，并告诉孩子正确的做法就可以了。只有这样，孩子才能把精力集中在事情上，而不是集中在父母带给自己的焦虑情绪上。

孩子在成长过程中，需要的其实并不是父母为他安排好一切，而是父母与他肩并肩共同去解决问题。所以，不论是引导孩子成长，还是帮助孩子解决问题，父母都不能只站在自己的角度，而要学会站在孩子的角度去了解他们最需要的是什么。只有这样，父母才能控制自己的焦虑情绪，和孩子一起去解决问题，帮助孩子走好成长的每一步。

03

孩子厌学情绪的背后

印度哲学家克里希那穆提在《一生的学习》一书中提到：如果我们不尊重孩子，只是以奖赏引诱他，或者以惩罚威吓他，那么我们便助长了他获得利益的观念和恐惧感。

我们可以这样理解这句话：如果父母不懂得尊重孩子，在孩子成长的路上，只是用奖赏来引诱孩子学习，比如孩子这次考试成绩好，父母就给孩子买玩具、买衣服，或者多给孩子一些零花钱，久而久之，孩子就会为了得到这些奖赏而去学习；一旦得不到这些奖赏，或者得到的奖赏变少、不是自己期望的，孩子就不想再学习了。这也是现在很多孩子不爱学习、产生厌学情绪的重要原因之一。

当然，孩子产生厌学情绪的原因是多方面的，但父母通常有着不可推卸的责任。父母除了经常以奖赏引诱孩子外，有时还会给孩子施压。比如，一些父母喜欢给孩子增加学习任务，试图通过这样的方式让孩子多学知识，考出好成绩。一旦孩子的成绩不理想，父母就开始指责、批评孩子，甚至直接给孩子贴标签，说孩子"不努力""偷懒""太笨"等。这些行为会直接导致孩子对自己丧失信心，从而产生厌学情绪。

还有些父母喜欢对孩子的学校、老师评头论足，动不动就说孩子的学校和老师不好。这些消极力量往往会导致孩子厌恶学校、厌恶老师，甚至影响孩子人生观和价值观的形成。

总而言之，父母虽然一直都在向孩子强调学习的重要性，督促孩子学习，但却无法帮助孩子形成较强的学习动力，这容易导致孩子产生厌学情绪，让孩子认为学习不是自己的事，而是父母的事，和自己没关系。人都是这样的，不论成年人还是孩子，只要一件事有别人帮自己操心，他就懒得再去思考这件事了。

人的天性就是按照自己的意志，找到自己的路，释放自己的动力。当找到路后，他就会充满动力地去追逐自己热爱的东西，根本不需要别人的催促和监督。

对于孩子来说，父母的催促、监督都会让他们感知到较大的压力。尤其当父母还口口声声地说"我是为你好"时，孩子内心的压力更大。他们会认为父母是在强迫自己学习，不管自己愿不愿意。当一个人感觉自己是在被逼着做事时，其内心一定是不情愿的。因此，孩子在学习时可能会出现磨蹭、粗心、心不在焉等问题，大一些的孩子甚至还会出现叛逆行为。

想让孩子有学习的积极性，父母首先要做的不是向孩子强调学习的重要性，而是和孩子建立起良好的情感连接，并让孩子知道，学习是充满乐趣和挑战的。如果父母能和孩子在情感上站在一起，一起享受学习的乐趣，接受学习中的挑战，孩子在学习时就会感觉自己身后有父母的支持而不是打击，这样孩子才可能有学习的积极性。

具体来说，父母可以从以下 3 个方面入手解决孩子的厌学问题。

第一，找到孩子厌学的具体原因。

要解决孩子的厌学问题，首先就要找到孩子厌学的具体原因。是因为父母对孩子要求太严格了，还是因为父母经常否定孩子？是因为孩子有网瘾，还是因为父母没有给予孩子足够多的有效陪伴？……

以上这些都可能导致孩子产生厌学情绪，父母只有找到具体的原因，才能对症下药，激发孩子对学习的兴趣。

第二，把学习的主动权还给孩子。

学习是孩子自己的事，不是父母的事。想让孩子爱上学习，父母就要把学习这件事的主动权还给孩子。平时孩子学习时，父母不要坐在一旁监督，也不要对孩子的学习指手画脚。当孩子遇到问题找父母求助时，父母再给孩子提供他们所需要的帮助。在帮助孩子时，父母尽量不要批评孩子，更不要带着情绪帮孩子解决问题。

第三，帮孩子找到学习的乐趣。

孩子在学习时为什么会拖拉、磨蹭？因为他不喜欢学习。这跟我们上班一样：有时就是不喜欢上班，哪怕眼前有一堆工作要做，也没有动力。

那么我们喜欢什么样的工作呢？

要么是自己感兴趣的，要么是做完就能立刻回家的。如果你工作能力很强，每次完成自己的工作后，领导都会额外给你分配工作，让你加班，你还会有工作热情吗？显然没有。

孩子在学习时也是这样，有时孩子明明有学习兴趣，学习积极性也很高，但刚做完老师布置的作业，父母马上又给孩子额外布置一些新的学习任务，尤其是在临近考试时，有些父母总是不断地让孩子"刷"题、背诵，这样一来，孩子怎么可能还喜欢学习呢？

　　想让孩子喜欢学习，作为父母，我们就要放下"高压政策"，帮助孩子找到学习的乐趣。比如，有的孩子喜欢当老师，那我们就让孩子给我们当小老师，鼓励他把自己在学校学到的知识讲给我们听。在这个过程中，我们再适当地指出一些问题，孩子就会更容易接受。还有的孩子喜欢搞小发明，那我们就和孩子一起搞一些跟学习有关的小发明，帮助孩子巩固学到的知识。这些方式不但能让孩子对学习更有积极性，还能让我们走进孩子的世界，真正了解他们的学习情况。

　　此外，作为父母，我们还要学习一种本领，叫作"向内归因"。在面对孩子成长和学习中的各种问题时，不要仅批评孩子，还要学会从自己身上找原因、找方法，比如放下焦虑，学会爱、接纳、赏识、尊重。只有带着这样的心态去面对孩子、与孩子沟通，才更容易从根本上解决孩子的问题。如果我们自己一直不学习、不进步、不成长，只希望孩子做出改变，甚至不断在孩子面前贩卖焦虑，那么孩子也会变得焦虑，甚至会出现越来越多的问题。

04.

丧偶式育儿带来的影响

很多人都有这样一种感觉：在一个家庭当中，爸爸负责赚钱养家，而教育孩子好像成了妈妈一个人的责任。大家一谈到对孩子的教育，比如开家长会、给孩子辅导作业、跟老师沟通等，绝大多数人都认为这是妈妈应该做的事。同样，一旦孩子出现什么问题，妈妈也会成为首先被指责的对象，好像这一切都是妈妈的责任，是妈妈没有教好孩子。很少有人关注，为什么爸爸没有参与对孩子的教育？

当然，也有一部分家庭主要由爸爸参与对孩子的教育。在家庭生活中，如果只有一方负责对孩子的教育，另一方很少参与，这种现象就被称为"丧偶式育儿"。这种育儿方式对孩子的成长是非常不利的。

有些妈妈可能会说："我老公每天都在家，也能陪在孩子身边，这就不算丧偶式育儿了吧？"

其实，丧偶式育儿并不取决于父母双方是不是都在家，只要其中一方跟孩子之间缺少连接和积极的互动，对孩子的生命缺乏高能量的启迪，就都属于丧偶式育儿。

几年前，我曾疗愈过一个高考落榜的抑郁症患者，她就是在典型的丧偶式育儿家庭中长大的。从这个女孩出生起，父亲几乎就没怎么管过她。女孩的父亲是一个部门领导，每天上下班时间都很规律，但他每天一回到家，基本都是把自己关在书房里，不知道在干什么。女孩平时和父亲的主要交流就是在饭桌上几句简单的问答，或者是女孩向父亲要生活费时简单交流几句。女孩告诉我，她从开始记事到考大学，几乎从来没有感受过父亲的陪伴。

这个家庭就是典型的丧偶式育儿家庭，即使父亲每天在女孩身边，也与她没有什么连接和互动，甚至连对她的教育都没有。

从个人成长的角度来看，父亲的角色往往有着丰富的意义。他不仅是孩子生活的供养者、道德规范的引领者和行为的模仿者，更是孩子生活的参与者，与母亲一样，承担着对孩子进行教育、沟通、支持、鼓励，甚至批评的责任。如果一个父亲能很好地扮演这些角色，那么孩子就能更加健康地成长。

为使孩子保持身心健康，父亲和母亲应该各司其职，缺一不可。一般来说，母亲的温柔、慈爱会让孩子感觉到安心，对环境充满信任；而充分的父爱则可以帮助孩子发展出良好的社会属性。父亲在孩子生活中的参与程度，对孩子人格的形成、认知和行为的发展、成年后亲密关系的建立等，都有重要影响。值得关注的是，父亲的陪伴也非常重要。有研究表明，父亲经常陪伴、照顾孩子，可以促进孩子认知和行为的发展，而且父亲参与程度高的家庭，孩子智商更高，学业成绩更好，孩子也更少出现问题行为；反之，父亲参与程度不高的家庭，孩子在社会适应方面比较容易出现问题。

这就提醒我们，在孩子成长过程中，父母双方都尽量不要缺席。一方如果平时工作比较忙，没有充足的时间陪伴孩子，那么可以在有时间时尽可能地给予孩子高质量的陪伴，比如多跟孩子做游戏、支持孩子的爱好等。

同时，作为父母，我们还要尽量做到下面两点。

第一，夫妻双方保持沟通。

不论是在家庭问题上，还是在教育孩子的问题上，夫妻双方都要保持顺畅的沟通，把自己遇到的问题、困惑等说出来，并一起面对。这既能让问题、困惑得到圆满的解决，还有利于增加家庭亲密度。

1978 年，美国心理学家大卫·奥尔森提出了婚姻和家庭体系环状模式理论，其中提到：家庭亲密度是家庭内全体成员之间的情感联结，家庭亲密度低，会损害家庭功能，平衡型家庭的功能优于其他类型的家庭；而家庭沟通则是家庭功能发挥的关键，在这一方面，平衡型家庭也优于其他类型的家庭。

可见，家庭成员之间保持密切、顺畅的沟通，尤其是夫妻双方保持沟通，对于教育孩子具有重要意义。

第二，妈妈要学会放手。

在大部分家庭中，孩子的生活起居、教育等都由妈妈负责。有时并不是爸爸不想管，而是妈妈不放心爸爸管，觉得爸爸这做不好，那也做得不行，久而久之，爸爸干脆就不管了。

《蒙台梭利家庭方案》一书中为广大爸爸说了一句话：很多爸爸不是不想做，而是不知道做什么，或者不管做什么都会被指责。

我们常说，父母要学会对孩子放手，其实妈妈还要学会对爸爸放手，让爸爸多带孩子去参加各种活动，如爬山、郊游、跑步等。即使孩子身上的衣服弄脏了也没关系，洗干净就好了，但孩子和爸爸一起参加的这些活动却能让孩子受益匪浅，不但可以锻炼孩子的自信心、勇气、探索精神等，还能让孩子更有幸福感。

父母的情绪会直接影响孩子的情绪，甚至影响孩子的行为习惯、性格养成、心理健康。如果陪伴和照顾孩子较多的一方经常处于恐惧、内疚、悲伤、委屈、绝望等负面情绪中，并且不能及时排解这些情绪，就会影响身体健康，甚至引发一些比较严重的身心疾病。

这就提醒我们，不但要学会爱孩子，还要学会爱自己。如果你的伴侣能够照顾孩子，那你就放心地把孩子交给对方照顾，然后给自己放个假，缓解身心的疲惫。这样不但让夫妻双方都能享受到照顾孩子的乐趣，还能让孩子跟父母都有亲密接触的机会。这样一来，家庭会更加和谐，孩子也会更加健康。

05.

放低与孩子对话的声音

一个周六，我到一位朋友家拜访，朋友 10 岁的孩子正好放假在家。我一进门，就听见朋友在高声责骂孩子："不是不让你玩手机吗？怎么又在玩手机？作业都没写完，还有心思玩手机？"说完，朋友拿起手边的一本书就朝孩子扔了过去。或许因为有我这个外人在场，孩子感到自尊心受到了伤害，于是高声跟朋友吵起来："我一周就回来玩一次，你也不让玩！你太过分了！"说完，孩子直接把手机摔到地上，然后把脸埋在沙发里哭了起来。

朋友感觉很不好意思，对我说："真对不起，让你见笑了！这孩子，真是越来越难管了！"

孩子犯错，父母高声批评、责骂，这在现实生活中并不少见，有些父母甚至会动手打孩子。但是，这种教育方式的效果却并不尽如人意，有时它反而会给孩子带来很多伤害。最直接的伤害，就是伤害孩子的自尊心，尤其有旁人在场的时候，往往会令孩子情绪崩溃。我的这位朋友教育孩子就是典型的例子，因为有我在场，孩子对妈妈的批评表现出了过度的反应。这正是自尊心受到伤害、情绪濒临崩溃的表现。

不仅如此，父母高声批评、责骂孩子，还会强化孩子的抗拒心理。心理学上有一个"罗密欧与朱丽叶效应"，意思是说：一个人越受压迫，就越会坚持自己的想法。朋友的孩子正是这样，妈妈越是批评他，他越是坚决不认错，这说明他当时的逆反情绪已经很强烈了。这也会直接影响朋友和孩子之间的关系。久而久之，当双方之间的矛盾积累到一定程度时，一件小事都可能引发强烈的冲突，从而使亲子关系产生无法弥合的裂痕。

由此可见，高声批评甚至责骂孩子并不能起到很好的教育作用，反而可能让孩子的逆反情绪更强烈，让父母自己更焦虑。

既然这种方法行不通，父母该怎么办呢？

很简单，把高声批评、责骂改为低声沟通就可以了。心理学家研究发现，处理事情时使用不同的声调可能会得到不同的结果，而低声沟通往往比高声沟通更容易达到效果，这种现象在心理学上被称为"低声效应"。哪怕孩子犯了错，父母想批评孩子，也要在尊重孩子的前提下，轻声细语地与孩子沟通，低声批评往往比高声呵斥更有效果。

在跟诸多父母沟通的过程中，对于高声跟孩子沟通，效果却不明显这个问题，我一般会跟他们分享下面几种方法。

第一，不要带着情绪跟孩子沟通。

有效沟通是建立在尊重孩子的基础之上的，不论孩子犯了什么样的错误，都尽量不要用攻击性的、讽刺性的、指责性的语言，否则很难达到积极的效果。

比如，孩子不小心打碎了一只碗，妈妈马上生气地批评孩子说："这么大了，什么都干不了！你知道你都打碎几只碗了吗？你知道家里有多少东西被你弄坏了吗？"

如果父母经常这样跟孩子沟通，那么不但父母会陷入很严重的负面情绪中，孩子也会被严重的负面情绪所包围，这会导致他理不清头绪，甚至对父母产生怨恨：不就是打碎了一只碗吗？妈妈为什么要喋喋不休地批评我，还把很久以前的事情都翻出来说？结果，孩子不但没有认识到自己的错误，还会产生逆反情绪。

事实上，孩子犯错的时候，正是父母与孩子进行沟通的最佳时间。如果父母能放下负面情绪，与孩子平和地沟通，不但能帮助孩子认识到自己的错误，还能促使他们积极改正错误，并且对父母没有批评自己充满感激之情。

第二，告诉孩子正确的做法。

面对孩子的错误，有些父母只会高声斥责孩子，却不告诉孩子怎么做才是正确的。虽然有时孩子犯的错可能真的让父母很愤怒，但此时孩子更需要知道他为什么做错了、怎么做才是正确的。所以，父母要先控制好自己的情绪，放低声音跟孩子沟通，指出孩子的错误，同时告诉孩子怎么做才是正确的，这样孩子才更容易接受父母的指导，也更愿意按照父母提出的方法做事。

第三，用写便条的方式跟孩子沟通。

如果父母实在担心自己跟孩子当面沟通时控制不好情绪，又害怕影响孩子的情绪、伤害孩子的自尊心，也可以用写便条的方式跟孩子沟通，指出孩子的错误。这种做法能让父母处于较为冷静的状态，写出来的文字也更加理性，而不是带着情绪。

写好的便条可以贴在孩子卧室的门上，也可以放在孩子的床头，这样孩子比较容易看到。当孩子看到便条上的文字时，他的情绪就不会因为父母的批评而爆发，而能够处于比较稳定的状态。在这种情况下，孩子才更容易接受父母说的话。

要知道，这是一种无声的，但又带有温度的沟通方式。试想一下，如果你起床后准备出去晨练，但孩子还没有起床，这时给他留一张便条，写上你想对他说的话，再画上一个大大的笑脸，告诉他你去晨练了，大约几点回来。孩子醒来后，看到你的便条，心里就会感觉暖暖的，还会产生极强的安全感和幸福感。

总之，"有理不在声高"，与孩子沟通时，父母应控制好情绪，放低声音，这样才能建立更融洽的亲子关系，不让负面情绪影响自己和孩子。

06

与孩子进行高质量的沟通

在日常生活中，我们经常看到一些父母跟孩子沟通不成功，导致孩子歇斯底里。比如孩子想买一个玩具，父母觉得家里已经有同类玩具了，没必要重复买，于是就告诉孩子不能买了，结果孩子立刻躺在地上打滚。

孩子为什么只会大喊大叫？为什么躺在地上打滚？

原因就是父母没有培养孩子平和沟通的能力。

我女儿在很小的时候，想买自己已经有的玩具，有时我也会阻止她。有一次，我们一起出去逛街时，她看到了一个价格很高的芭比娃娃，就跟我说想买回家。当时家里已经有好多芭比娃娃了，而且这个芭比娃娃价格比较高，我试图说服她，不让她买这个芭比娃娃。

女儿当时没有哭也没有闹，而是很平静地看着我，温和地说："妈妈，你不是说有品位的人就要用好的东西吗？这个芭比娃娃这么贵我还想买，就因为你有一个有品位的女儿啊！"

听到女儿的话，我当时都惊呆了！没想到这个小女孩竟然能这么平静地跟我交流，说的话甚至让我完全没有理由反驳，因为我的确对她说过那样的话。

就在我满脸诧异的时候，女儿又接着说："这些芭比娃娃都是那些设计师用心设计的，你不是支持我去探索艺术、学习艺术吗？"

你看，这就是平和的沟通，也是一种高质量沟通。在女儿的三言两语间，我不但无法反驳她，反而还高高兴兴地给她买了芭比娃娃。因为女儿告诉我，是我教会她为品质好的产品买单。

很多时候，孩子会出现焦虑、烦躁的情绪，父母对此感到困惑：这么小的孩子，有什么可焦虑、烦躁的呢？

其实，孩子的这些焦虑、烦躁的情绪很可能来自父母或其他家人，比如他们的眼神、语言、行为等都会影响孩子。一个经常大喊大叫、容易焦虑的妈妈，是很难培养出一个情绪稳定的孩子的，孩子也可能会学着妈妈的样子，与别人大喊大叫着沟通。

比如，有些孩子比较"社恐"，一见到陌生人就不敢说话，直往父母身后躲。其实孩子天生是愿意与别人交流的，为什么稍微长大一些后却变得"社恐"了呢？一个重要原因就是父母很喜欢给孩子贴标签，甚至经常当着外人的面批评、指责孩子，说孩子"不会说话""胆子小""没出息"等。慢慢地，孩子会认为自己就是这样的，并按照父母所贴的标签成长为相应的样子。

如果你不希望孩子经常陷入焦虑、烦躁的情绪，也不希望孩子真的如你所说的那样"不会说话""胆子小""没出息"，你就要学会在日常生活中与孩子进行平和的、高质量的沟通。

首先，不要当着外人的面批评、指责孩子。

很多时候，父母在批评孩子时都有一个通病，那就是仅仅表达自己的愤怒和不满，释放自己的情绪，不管是不是有外人在场，只要孩子有不符合自己期望的地方，就对孩子大加批评和指责。殊不知，这种方式非常伤害孩子的自尊心，而且就算孩子真的有错，这种方式也难以让孩子真正认识到自己的错误，更不用说让孩子知道如何改正错误了。

如果孩子真的犯错了，父母要做的是先让自己冷静下来，然后与孩子进行私下沟通，告诉他哪里做错了，应该怎么改正。这种私下沟通的方式才能让孩子感到自己被重视，也能让孩子更好地接受父母的建议。

其次，不要给孩子贴标签。

再次强调，任何时候都不要给孩子贴标签，否则孩子在潜意识中就会逐渐认同这些标签。比如你总是说孩子"不会说话""胆子小""没出息"，那么他以后见到陌生人时就会更加紧张、更加不知所措。因为一见到陌生人，他就会想起你给他贴的标签，生怕自己说错什么，又被你指责。

如果孩子面对陌生人时的确有些"社恐"，你可以提前给孩子做心理建设，比如去给亲戚拜年时，你就可以提前跟孩子说："在你小时候，李奶奶还抱过你，给你买过玩具呢，她很喜欢你。"如果孩子实在不愿意说话，也可以教孩子保持微笑，这也是一种交流方式，不一定非要让孩子跟着你一起寒暄问候。

最后，多给予孩子表扬和鼓励。

孩子的健康成长离不开父母的表扬和鼓励，即使孩子有时会发脾气、闹情绪，在对孩子的情绪表示理解和接纳后，父母也要适当对孩子进行表扬和鼓励，由此强化孩子的正向行为。而当孩子在父母的耐心提醒下表现得很好时，父母更要及时给予他们表扬和鼓励，如："宝贝，你今天主动跟李奶奶打招呼，真是越来越有礼貌了！""没想到你跟阿姨聊得那么好，妈妈第一次看到你这么会聊天，继续加油哦！"

这些具体而温暖的表扬和鼓励可以让孩子获得良好的心理感受，孩子的焦虑、烦躁情绪也会逐渐缓解。

对父母而言，最可怕的并不是孩子出现焦虑、烦躁的情绪，而是孩子什么都不肯告诉父母、不肯向父母表达。一旦孩子形成心理闭环，拒绝沟通，父母就失去了教育和帮助他们的机会。所以，父母要时刻保持平和的态度，与孩子沟通时要尊重孩子，这样才能缓解自身的焦虑、烦躁情绪。当父母不再焦虑、烦躁时，孩子也就不容易陷入焦虑、烦躁情绪。

07

教育的七字真经：鼓励鼓励再鼓励

在绝大多数家庭里，孩子刚出生的那几年，父母会对孩子特别上心，对孩子的健康、情绪等也都非常关注。随着时间的流逝，由于工作繁忙，父母对孩子的关注会逐渐减少。而孩子逐渐长大，开始有了自己的思想，也知道如何与父母"斗智斗勇"。有些父母为了让孩子听话，也会用鼓励、表扬的方式与孩子沟通，比如对孩子说"你真棒""你好厉害"等，孩子听后会很开心，做事也会更积极。但时间长了，孩子就会觉得父母这样说是在敷衍自己，因而也不再把这些话放在心上。这时，父母的鼓励就不再起作用了。

然而，孩子的健康成长离不开父母的鼓励，好的家庭教育也需要父母不断鼓励孩子。尤其在孩子遇到困难、遭遇失败、陷入负面情绪时，父母更应该多肯定和鼓励孩子，帮助孩子缓解负面情绪。这不仅能让孩子获得被重视感，还能给予孩子信心，让他们变得积极、自信，勇敢地去面对自己所遭遇的困难，激发自己的潜能。

我在讲课的时候经常跟父母说，教育有七字真经，那就是：鼓励鼓励再鼓励。这听起来非常简单，但要真正做好，使其发挥效用却并不简单。

鼓励一般分为物质上的鼓励和精神上的鼓励，不同类型的鼓励也会产生不同的效果。比如，孩子考试考了 95 分，你一般会怎么对孩子说？

有的父母会说："你考了 95 分，真不错！爸爸奖励你一个喜欢的玩具，你下次继续努力，争取考到 100 分！"

有的父母则会说："你考了 95 分，真不错，这段时间你的努力获得了回报！"

显然，第一种鼓励是物质上的鼓励，这会对孩子产生一定的激励作用，但也可能让孩子的目标变成获得父母奖励的玩具，而不是在学习上取得进步。如果有一天孩子对父母奖励的玩具失去了兴趣，也可能随之对学习失去兴趣；或者有一天孩子想要更高价值的奖励，父母给予不了，孩子也会对学习失去兴趣，甚至还会觉得父母不讲信用。而一旦孩子考试成绩下降，得不到父母的奖励了，他们的积极性立刻就会下降，情绪也会受到影响。因此，需要把握好物质奖励的"度"。

第二种鼓励就是精神上的鼓励，而且父母用转向思维的方法让孩子将目光集中在自己的努力上，而不是考试成绩上。这样一来，孩子就会知道，自己考得好是因为自己平时付出了努力，这是自己得到的回报。为了得到更多回报，孩子会变得更加积极、自信，并且面对失败时也能快速调整自己，寻找自己的不足并及时弥补。

这也提醒我们，在鼓励孩子时，一定要采用恰当的方式。恰当的鼓励不仅能增强孩子的信心，还能让孩子将其当作奖励，并变成动力，从而变得越来越好。

那么，怎样用好"鼓励鼓励再鼓励"这七字真经呢？

首先，鼓励孩子要发自真心，不要敷衍。

在鼓励孩子的时候，不论出于什么理由，都不要毫无表情，甚至跟孩子没有任何眼神交流，更不要魂不守舍、敷衍了事，而是要真心实意，根据孩子的具体情况，采用具体的方式。否则，你的鼓励对孩子来说不但起不到积极的作用，还可能起到反作用。

比如，平时几个月都不扫一次地的孩子正在扫地，你看到后，就想鼓励孩子一下，于是对孩子说："真不错啊！今天竟然知道主动扫地了。"结果孩子一听，不但生气了，而且把扫帚一丢，不扫了。

为什么会这样呢？

因为孩子认为你的话并不是鼓励，而是一种责备和讽刺。虽然这不是你的本意，但孩子却会这样认为。为了不被你责备和讽刺，他干脆不扫了。

如果不想让孩子产生这种想法，你可以这样对孩子说："你主动帮妈妈做家务，真是越来越懂事了！妈妈希望你以后能经常帮妈妈做家务，那样妈妈就会轻松一些。"这样孩子就会觉得妈妈是在真心地鼓励他、表扬他。

其次，鼓励要有具体的时间、事件和缘由。

想要鼓励孩子，一定要习惯性地用"我看到……""我发现……"等句式，让孩子清楚地知道你看到他的哪些行为是好的、是值得表扬和鼓励的，这样才能强化孩子的那些行为。

比如，我们可以对孩子说："我发现你现在写数学作业的效率越来越高了，昨天用了 50 分钟，今天只用了 30 分钟就写完了。""我发现你今天这件白衬衫洗得比昨天的干净。""我发现你的房间越来越整洁了，希望你继续保持！"

如果一直用"你真棒""你真好""你很厉害"等模糊的语言鼓励孩子，孩子要么不把它当回事，要么不知道自己到底哪些方面"真棒""真好""很厉害"，这样的鼓励就是没意义的。

鼓励越具体，孩子就越容易从中获得更大的动力。在教育孩子的道路上，我们要不断帮他们树立信心。当一件事做起来很难，孩子容易半途而废，或者因此变得沮丧时，我们不能只对孩子说"爸爸妈妈相信你能行"，这只会让孩子有一种无力感，我们可以说"如果你需要，爸爸妈妈会和你一起面对，我们一定可以一起战胜困难"，这更容易让孩子产生克服困难的动力和积极性。

3

第 3 章

唤醒孩子
的高维智慧

激发孩子的潜能

很多时候，父母都在按照自己的想法教育孩子，想把孩子培养成自己所期望的样子。殊不知，每个孩子都是独立的个体，他们来到这个世界上有自己独特的使命和价值，也有自己想过的人生。

我们常说，教育就是"传道""授业""解惑"。但如果在"传道""授业""解惑"的过程中，父母只遵从自己的意愿，那就很可能会违背孩子的成长规律。所以，我更愿意用另一个词来描述教育，那就是"唤醒"。每个孩子都有一定的潜能，当父母通过恰当的教育方法帮助孩子激发这些潜能时，孩子的智慧就会表现出来。教育应该是唤醒孩子的高维智慧，而不是让孩子按照父母的想法去生活和学习。

那么，父母该怎样激发孩子的潜能，唤醒孩子的智慧呢？

首先，走进孩子的心里。

如今，我们正处于一个信息爆炸的时代，因而很多父母关注的往往都是孩子掌握了多少知识、学习了多少技能，很容易忽略对孩子自身潜能的激发。事实上，相对于知识和技能的掌握，父母更应该关注对孩子自身潜能的激发。

我曾在书中看到这样一个小故事。

苏格拉底的父亲是一位著名的雕刻师，在苏格拉底小时候，有一次，他看到父亲正在雕刻一只石狮子，就好奇地问父亲："怎样才能成为一名优秀的雕刻师呢？"

父亲说："就拿这只石狮子来说吧，我并不是在雕刻这只石狮子，而是在唤醒它！"

看着儿子似懂非懂的样子，父亲又进一步解释说："因为狮子本来就沉睡在石块中，我只是将它从石块里解救出来而已。"

孩子其实就像是石块里沉睡的狮子，父母要做的，就是激发他们的潜能，让他们自行从石块中醒来。

一次，我在从美国出差回国的飞机上遇到了一个 8 岁的男孩，我俩聊了一路。别看这个男孩年纪小，他跟我聊的是飞碟、外星人、多维空间……有很多知识都是我不熟悉甚至没有听过的。最后，这个男孩指着自己的脑袋跟我说："这里的能量是最大的。"

这句话给我留下的印象特别深刻。每个孩子都有一定的潜能，只是很多时候我们没有帮孩子把潜能激发出来。如果我们给予孩子足够的爱、陪伴和启发，走进孩子的心里，倾听孩子内心深处的声音，那么在教育孩子的过程中，唤醒孩子的智慧并不是一件难事。

其次，引导孩子学会向内求。

当我们理解了教育即"唤醒"的逻辑，就能够深刻地理解教育并不是引导孩子完全向外求，而是引导孩子更多地向内求。

一个人越是怕失去某个东西，就越会紧紧地抓住这个东西，生怕一不留神把它弄丢了。殊不知，很多东西就像沙子一样，你握得越紧，就越容易流走。

对于父母来说，孩子就像是他们握在手里的沙子：父母握得越紧，沙子流得越快。在这种教育方式下成长起来的孩子，往往会走向两个极端：一是对优秀和成功有着偏执的追求，自己过得不快乐；二是对自己的人生感到迷茫无措，不知道自己的目标到底是什么。

外部的推力只能让孩子认为自己永远不需要对自己的人生负责，反正总有人替他效劳。事实上，教育的本质应该是让孩子学会向内求，学会了解自己，看到自己的独特优势，激发自己的内在潜能，用自己的方式去认识世界。因为在成长过程中，只有孩子自己与世界的连接才是最为直接、牢固的；也只有当孩子认识了世界、了解了自己，他们才不会再感到迷茫。

最后，学会赏识和尊重孩子。

著名心理学家威廉·杰姆士曾说："人性最深层的需要，就是渴望得到别人的赞美和欣赏。"对于孩子来说更是如此。孩子在接受父母或他人的表扬时，内心都是非常愉悦的。

但是，赏识孩子并不是一味地夸奖孩子，而是让孩子感觉到自己的重要性，以及尊重孩子作为独立个体的价值，让孩子知道"我是重要的，我的行为是有价值、有意义的"。这才是赏识教育的核心，它与孩子实际获得的表扬的多少并不是严格的正比关系。

对孩子的赏识教育是建立在尊重孩子的思想、个性的基础上的。每个孩子都有自己的思想、个性，赏识教育不是限制孩子的思想、个性的发展，而是尊重孩子的思想、个性，然后创造出更广阔的空间让其思想、个性得到发展。"球王"贝利小时候不喜欢读书学习，十分顽皮，但他却特别喜欢踢足球，甚至会自己组建球队，想尽办法踢球。父亲发现贝利的爱好后，全力支持贝利。在父亲的支持和引导下，贝利刻苦训练，终于成为20世纪最伟大的足球运动员之一。

有了赏识，有了尊重，就有了对生命的理解，这是家庭教育的基础。孩子只是借由我们的身体来到这个世界，所以，作为父母，我们应该摆正心态，不带任何欲望和贪念地教导孩子，尊重孩子作为独立个体的独特性，尊重孩子的选择权，允许孩子表达自己的想法。这样，我们与孩子之间的矛盾和误会才会减少，我们也才能帮助孩子有效地激发潜能。

02.

激发孩子的梦想

"世间有一种无翼之鸟，它们没有翅膀，但作为鸟儿，它们渴望遨游天际，一生只有一次飞翔的时候，飞向死亡。"

这句话出自奥斯卡最佳动画短片《无翼鸟》，该片讲了一个无翼鸟用生命成全梦想的故事。无翼鸟是这个世界上最疯狂的梦想家，它们梦想着无数次俯瞰大地的飞行。尽管知道自己的梦想很难实现，它们仍然义无反顾地从高山上跳下去，从而实现自己在天空中飞行的梦想。

从教育的角度来说，梦想可以让无翼鸟义无反顾，也能让孩子一往无前。因为梦想可以给孩子带来希望、带来动力，支撑孩子的成长，激励孩子奋发向上。每个孩子都拥有梦想，而父母要做的，就是支持孩子去追求梦想。

说起埃隆·马斯克，很多人都知道他是一位企业家，但有些人可能不知道，他还被称为"硅谷疯子""天才与疯子的结合体"。

马斯克到底有多疯呢？

在15岁时，马斯克就写下了自己的人生梦想："拯救人类。"而在他追梦的路上，他的母亲梅耶·马斯克就是他的领路人。梅耶·马斯克自己就是个有梦想的人，她的本职工作是模特，但她同时还是一位拥有两个营养学硕士学位的专业营养师，业余时间还会写书、演讲等。正是在母亲的影响和激励下，马斯克从小就怀揣远大的梦想，并且不断努力前行，创造出了一个又一个令世人瞩目的成就。

马斯克曾说："我的母亲才是我的英雄。我的成功多半源于我母亲的培养和她特立独行的品性。"

很多人小时候都有自己的梦想，但是走着走着就与梦想渐行渐远了。这些人成为父母后，也希望自己的孩子能拥有梦想，但是当孩子说出自己的梦想时，他们又不相信孩子能够实现自己的梦想，甚至说孩子的梦想是"白日梦"，因此也错过了教育孩子的大好机会；或者直接将自己的梦想强加在孩子身上，希望孩子替自己实现梦想。

然而，父母如果不相信孩子的梦想能够实现，又怎么能激励孩子追求梦想、实现梦想呢？如果父母只想让孩子帮自己实现梦想，孩子又怎么会有动力呢？

事实上，很多在成年人看来"天马行空"的梦想，对孩子来说却有着无穷的魅力。儿童心理学家认为，梦想是孩子自我形象的理想化。激发孩子的梦想，鼓励孩子追求梦想，可以让孩子产生强大的内驱力，使他们在面对各种困难时能主动想办法克服。而且，有梦想的孩子还拥有较强的学习力和专注力。

但是，也有很多孩子缺乏梦想，在生活和学习中缺乏动力和进取精神。面对这样的孩子，父母该如何激发他们的梦想呢？

我认为父母可以从以下 3 个方面入手。

第一，自己要有梦想。

很多父母在自己的人生上半场缺乏梦想的启迪和激励，缺乏热血沸腾的生命状态，结果导致自己在人生下半场状态低迷，得过且过。这也会影响孩子对梦想的态度。现在有很多正值青春年少的孩子，每天只知道吃喝、玩游戏，没有任何梦想，父母应该重点关注孩子是否处于这种状态。要知道，孩子如果缺乏对生命的热情，就很难拥有持久的学习力，也很难拥有很强的爆发力。

想让孩子有梦想，父母首先需要成为孩子的榜样，把自己人生上半场没有实现的梦想好好整理一下，并努力去实现。父母可以根据自己的实际情况或兴趣爱好制订一个清晰的梦想规划，并且请孩子帮忙给自己出主意、提建议，让孩子说一说如何才能实现这些梦想。这个过程可以对孩子产生一定的激励作用，让孩子也开始考虑如何实现自己的梦想。

在教育孩子的过程中，言传不如身教，有时父母说一百遍，都不及直接做给孩子看有效。如果父母开始整理自己的梦想，并为实现梦想做各种准备，孩子就会从父母的行动中看到梦想的力量，这种力量也能成为孩子追求梦想的原动力。

第二，借助名人的力量激发孩子梦想。

父母可以引导孩子阅读一些名人传记，了解这些名人背后不为人知的艰辛故事。比如，这些名人在追求梦想的过程中都经历了哪些困难、遭遇过哪些挫折？他们是如何战胜困难、成就自我的？父母甚至可以把名人的照片用作家里计算机的桌面，这样也可以激励孩子树立梦想、克服困难，成为更好的自己。

第三，相信相信的力量。

在帮助孩子树立梦想和追求梦想的过程中，父母一定要相信孩子。如果父母不相信孩子，即使孩子有梦想，这个梦想也很难实现。父母只有相信和支持孩子，孩子才会更有动力去追求自己的梦想。

有些父母跟我反映说，自己孩子总是"朝三暮四"，今天想干这个，明天想干那个，怎么办？

我告诉这些父母，只要孩子有梦想，不管他们的梦想是什么，都值得肯定和鼓励。孩子的好奇心强，他们经常会被新鲜的事物吸引，这是很正常的现象。随着年龄的增长，他们会慢慢找到自己热爱的事，让自己的目标和梦想越来越清晰。这时，父母一直以来对他们的支持和鼓励就会发挥作用，也会促使他们更积极、更有动力地去追求自己的梦想。

俗话说："梦想还是要有的，万一实现了呢！"对于孩子来说，梦想最终能否实现虽然很重要，但更重要的是在追求梦想的过程中所看到的风景、所经历的事情和所获得的人生经验。这些才是构成孩子丰富人生的关键。

培养孩子的全球化视野

越来越多的父母意识到，在当今全球化的时代，从小培养孩子的全球化视野非常重要。全球化视野有助于孩子提升竞争力，是他们具备"全球胜任力"的基础。

但是，很多孩子现在仅仅认识一些国家和地区的标志，或者能说出一些知名国家和城市的名称，对更深层次的文化并不了解。这样的学习方式，对于孩子开拓视野、提升认知水平和综合素养的作用是十分有限的。未来面对世界多元化的风景，孩子也很难有自己的独到见解。

拥有全球化视野有助于孩子建立起完整的知识系统、认知系统和思维系统，这些可以潜移默化地影响和改变孩子的学习习惯，帮孩子树立关于未来的目标，甚至改变其未来做事的方式。

父母可以从以下 3 个方面入手培养孩子的全球化视野。

首先，让孩子接触到丰富多彩的世界。

现在外出参观、旅游已经变得非常方便，不论是在国内，还是去国外，交通都很便利。

当然，如果没有这样便利的条件，父母也无须焦虑，现在很多书籍、电视节目、网络视频等，也都可以让孩子接触到丰富多彩的世界。父母平时多陪孩子阅读各种书籍，或者观看相关的电视节目、网络视频，不但能让孩子感受到父母对自己的关注和爱，还能开阔孩子的视野，锻炼孩子的思维，让孩子感受到外面世界的精彩。

其次，让孩子亲身接触和体验不同的文化。

在条件允许的情况下，父母可以让孩子通过旅行、游学、参加国际交流活动等方式，亲身接触和体验不同的文化，了解不同国家的风土人情。通过这些活动，孩子不仅能增长见识，还可以学习和实践在不同文化背景下的交流技巧。

需要注意的是，在引导孩子接触和体验不同的文化时，父母要教育孩子尊重不同的文化，同时也要让孩子懂得，尽管不同国家、不同地区、不同民族的文化之间存在差异，但这并不意味着一种文化优于另一种文化。父母要引导孩子带着欣赏和学习的心态去接触和体验每一种文化，这样才能让孩子拥有大视野、大格局，未来站得更高、看得更远。

最后，引导孩子与不同文化背景的人建立友谊。

鼓励孩子与不同文化背景的人建立友谊，可以让孩子从中了解到人与人之间的许多共通之处，学习如何理解和接纳不同的观点、解决文化背景不同所带来的问题，等等。而且与不同文化背景的人建立友谊还能提升孩子的沟通能力，帮助孩子更加深入地体会和理解全球文化的多样性。

当然，父母的榜样作用也很重要，父母的态度与行为可以直接影响孩子。这就要求父母积极了解和体验不同的文化，尊重并欣赏文化的独特性。同时，父母在日常生活中也要保持开放的心态，展现出对他人的尊重和理解，这样，孩子才能从父母身上学到更多优秀的品质，并带着开放的心态去面对外面更大、更丰富多彩的世界。

04

发掘和培养孩子的领导力

　　一说到领导力，很多父母会认为领导力就是指一个人对他人的领导能力。其实不然。Facebook（现更名为 Meta）公司前首席运营官谢丽尔·桑德伯格在清华大学演讲时，引用了哈佛商学院弗朗西斯·福雷教授的话："领导力表现在，你的存在能使他人变得更好，而且当你不在的时候，你的影响力还能一直持续。"所以，领导力其实是一种能让自己和这个世界都变得更好的影响力。它不但包括影响和领导他人的能力，还包括领导自我的能力。一个能领导自我的人，往往有着较强的自我控制能力和对事物的判断及应变能力；反之，一个缺乏领导自我的能力的人，很难想象他如何有效地领导别人。

　　在孩子小时候，发掘和培养他们的领导力非常重要，这不仅能帮助他们学会管理自己，还能帮助他们学会处理与别人的关系。随着年龄的增长，孩子管理自己的能力逐渐增强，他们才会慢慢具备领导和管理他人的能力。

但是，很多父母不懂得如何培养孩子的领导力，平时对孩子也比较溺爱、娇惯。我就遇到过很多这样的父母，孩子十多岁了，出去买个东西，他们在家里都担心得不行，生怕孩子走丢了、被骗了。

姑且不说孩子未来能不能具有领导力，但孩子总要自己走向社会，自己面对人生中的各种问题，如果连这点小事都做不了，未来怎么管理自己，又怎么适应社会？

所以，父母还是应该多给孩子机会，让他们锻炼自己，比如鼓励孩子在学校里帮助别人、积极参加一些团体活动等。这些方式有助于孩子慢慢学会如何更好地与他人相处、如何在团队中发挥自己的作用，以及学会如何激励他人、处理冲突和解决各种问题等。

有一位母亲曾给我讲述了自己的孩子在学校的表现。有一次，她儿子所在的学校组织了一场亲子活动，在活动开始之前，老师先给大家布置了一个小任务：让孩子们毛遂自荐，看谁能帮助大家采购一些活动所需的物品。这时，孩子们开始七嘴八舌地自荐起来：

“我力气大，可以搬东西。”

“我对去商店的路很熟，我可以给大家带路。”

“我计算快，可以帮大家算钱。”

…………

等大家都说得差不多了，有一个男孩站了起来，对其他孩子说：“我觉得我们可以分工合作：你认识路，可以带着大家去购物；你力气大，可以带着几个同学去搬东西……”

原本大家都没有注意到这个男孩，现在听他说完，大家都对这个男孩刮目相看：他小小年纪就懂得分工合作，还能有条不紊地指挥和安排其他孩子去做自己擅长的事。

后来这位母亲就向这个男孩的父母取经，想知道人家是怎么把孩子培养得这么优秀的。原来，这个男孩一直都很有主见，不管是学习还是玩耍，都有自己的安排，父母不催他，也很少干涉他，并且凡事都很尊重他的意见。男孩遇到了困难，父母也不直接帮他解决，而是给出一些建议，让他自己考虑如何解决。

听完这位母亲的分享，我很有感触。这个男孩的父母教育他的方法看似很简单，但其实是在培养其领导力，所以这个男孩才会这么优秀。

有些父母可能会问："我的孩子做事没有主见，干什么都拖拖拉拉的，这是不是表示他不具备领导力？"

事实上，大多数孩子的领导力都不是与生俱来的，而是通过后天的学习和实践培养出来的。在培养领导力的过程中，家庭是一个非常重要的场所。根据我个人的经验，我认为父母可以从下面几个方面入手来对孩子的领导力进行培养。

首先，培养孩子的自信心。

自信心是领导力的基础，只有自信的孩子才能在团队中发挥领导的作用。所以，父母从孩子很小的时候起就要注意培养孩子的自信心。比如当孩子表现好时，父母要及时给予孩子表扬和鼓励，让孩子感受到自己的能力和价值；多鼓励孩子参加一些富有挑战性的活动，如学校里的比赛、社区里的志愿者活动等，让孩子学会与他人沟通、合作，学会管理自己的时间；多给孩子提供一些机会去尝试新鲜的事物，让孩子不断挑战自己，如学习一门新技能等。

上述方法都可以从不同角度培养孩子的自信心，帮助孩子学会与他人相处的技巧，提高解决问题的能力。

其次，引导孩子学会尊重他人。

詹姆斯·库泽斯在《领导力：如何在组织中成就卓越》一书

中提到："头衔都是别人授予的，但赢得尊重的是你的行为。"

尊重是相互的，孩子只有学会尊重他人，才能赢得他人的尊重。而想让孩子学会尊重他人，父母不但要以身作则，给孩子做好榜样，还要给予孩子一定的引导，比如告诉孩子要尊重他人的生活习惯、语言风格、劳动所得等，让孩子从小就知道尊重他人的重要性。

最后，培养孩子的决策能力。

一个人只有具备决策能力，才能带领团队朝正确的方向前进。因此，父母还要培养孩子的决策能力。

比如，平时多给予孩子一些参与家庭事务决策的机会，这样既能让孩子感受到自己作为家庭成员的重要性，又能锻炼孩子的分析能力和决策能力；或者面对一件需要权衡利弊的事情时，鼓励孩子发表自己的意见，并说明理由，引导孩子选择最优方案。

此外，引导孩子学会激励他人、制订各种计划、与不同的人沟通等，也是领导力培养很重要的方面。父母在日常生活中应该有意识地培养孩子的这些能力，让孩子用自己独特的人格魅力去影响他人。这样，孩子在长大以后，才有能力团结一群志同道合的人，一起创造更好的未来。

05

孩子需要具备独立解决问题的能力

我在跟很多父母打交道的过程中发现，有些父母几乎把所有事都给孩子安排得井井有条，比如吃饭穿衣、上学放学、学习规划等；还有些孩子都上高中了，跟同学闹点矛盾，父母都要亲自去调解，生怕孩子处理不好。殊不知，这些行为不但不是为孩子好，还很有可能培养出懦弱、依赖性强、无能的孩子。因为孩子的一些潜能都被父母的"爱和照顾"埋没了，孩子的很多智慧和天赋都没有发挥出来。孩子长大后，也很难独立解决问题，更难以很好地适应社会。

我曾疗愈过一个孩子，这个孩子从小成绩就不错，但是他在家里几乎从来没有自己做过主，一切都是父母包办的。长大后，父母希望他能进入体制内工作，但这个孩子面试了几次都没成功，因而很沮丧。他的父母很着急，就来找我咨询，看我是否能跟孩子沟通一下，帮助他克服眼下的困难。

就这样，我跟这个孩子见面了。孩子有些腼腆，不怎么说话，我就引导他来表达自己的想法。他告诉我，他对体制内的工作并不了解，是父母想让他进入体制内工作。我耐心地听完他的倾诉后，就让他跟我一起分析一下这份工作，比如这份工作具有什么样的使命和价值、未来会有什么样的发展等。经过一番沟通，孩子的心结慢慢打开了，后来他如愿进入了体制内工作。

几乎所有用人单位都非常看重应聘者的心理健康水平，因为心理健康水平较高的人一般能更好地应对日常的工作，更重要的是，只有这样的人才可能具有独立解决问题的能力。如果是心理健康水平较低的人，一般来说，其独立解决问题的能力也比较弱，用人单位又怎么敢雇用这样的人呢？

独立解决问题的能力，听起来好像是成年人才可能拥有的，但这种能力却需要从小开始培养。因为孩子是未来社会的主人，总有一天要独自面对社会上的种种问题。如果步入社会后，孩子还是有脚不会走路、有脑不会思考，遇到问题就退缩、逃避，或者找父母帮忙，那其实是家庭教育最大的失败。

当然，培养孩子独立解决问题的能力不是一蹴而就的，需要父母在日常生活中循序渐进地进行，一般来说，父母可以从以下几个方面入手。

第一，利用日常生活中的小事教育孩子。

从孩子四五岁起，父母就要有意识地培养孩子独立解决问题的能力。比如，让孩子自己穿衣服、穿鞋子，自己收拾玩具、收拾书包；让孩子帮忙去取快递、买东西；等等。

有些孩子与小伙伴一起玩时可能会出现矛盾，一些父母看到后，马上就会加入其中，要么帮助自己孩子，怕自己孩子受欺负；要么帮助双方解决问题，不给孩子自己解决问题的机会。其实，如果不是很严重的问题，或者孩子没有向父母求助，那么父母最好不要干涉，而应该让孩子自己去解决问题。很多时候，没有父母的参与，孩子也可以很好地独立解决问题，不一会儿就又和小伙伴一起玩了。当孩子没有能力解决问题，向父母求助时，父母再帮助孩子解决。但在解决完后，父母还要告诉孩子为什么这样解决以及以后再遇到这种问题时应该怎么解决，以此帮助孩子慢慢学会独立解决自己遇到的问题。

这里要注意一点，为了增强孩子独立解决问题的能力，在孩子自己解决一些问题后，父母要及时给予孩子表扬和鼓励，比如对孩子说："你把书摆放得很整齐，真不错！""你把自己的房间打扫得好干净啊！""你帮助小朋友解决了问题，做得很好！"

第二，鼓励孩子独立探索解决问题的方法。

除了鼓励孩子自己解决问题外，父母平时还可以多跟孩子交流，通过向孩子提问的方式，鼓励孩子独立探索解决问题的方法。

比如，你可以问孩子："乐乐在幼儿园被其他小朋友欺负了，害怕上幼儿园，这时该怎么办？""老师批评圆圆了，圆圆很伤心，这时该怎么办？"……孩子的回答可能天马行空，甚至有些荒唐、可笑，这没关系。不论你听到什么，都先不要对孩子的回答进行点评，可以等到孩子实在想不出更多的方法时，再问问孩子"那你觉得这些方法都会带来什么样的结果呢？"，以此引导孩子思考每一种方法可能带来的结果。

你可能会很吃惊地发现，大多数孩子都知道每一种方法可能带来的结果。当然，也有些孩子可能会存在认知偏差，这时你正好可以趁机跟孩子讨论一下，让他知道更恰当的方法是什么。经常进行这样的锻炼，孩子在真正面对问题时，就会想出更多的解决方法，从而更加灵活、更有创造性地解决问题。

第三，提高孩子应对意外事件的能力。

为了提高孩子应对意外事件的能力，父母可以在日常生活中多引导孩子思考问题，比如问孩子："如果放学时爸爸妈妈没有来接你，一个陌生人过来对你说，他是爸爸妈妈的朋友，要带你走，你会不会跟他走？""如果你自己在家时，突然发生了地震，你应该怎么办？""你自己在家时，有人敲门说是来给你送外卖的，你会不会开门？"……

多用类似的问题引导孩子思考，并教会孩子如何应对和解决，以后即使真的发生意外事件，孩子也能更好地应对和解决。

"授人以鱼，不如授人以渔"，只有让孩子学会独立解决问题，他们未来才更有能力应对各种困难和挫折。这种能力能够陪伴孩子一生，是孩子追求更美好生活的有效助力。

06

较强的表达能力是孩子未来的竞争优势

我曾在网上看到这样一则新闻。杭州市某个派出所接到一个 7 岁孩子的报警电话，他说自己找不到父母了。孩子逻辑清晰，诉求明确，对父母的姓名和电话、家庭住址等都描述得非常准确。最后发现，是父母临时出去取东西，没有告诉孩子，才闹出了这样一个乌龙事件，但这个孩子较强的表达能力确实给人留下了深刻的印象。

孩子拥有较强的表达能力，甚至具有公众演说能力，他就能进行充分有效的信息沟通，也能建立自己获取信息的通道，促进自己与他人的交往，增强自信心，增加成功的概率。

我获得的第一桶金与自己的表达能力就有很大的关系。当时我还在读大学，有很多企业家找到我，跟我学习演说。因为很多企业家要路演、举行招商会，或者在一些大型会议、论坛上进行沟通交流，但苦于表达能力不够强，他们的演说很难达到预期效果。在这种情况下，我就为他们做集体演说培训，帮助他们解决问题。

很多人可能觉得，人家是大企业家、精英人士，人生阅历和经验都很丰富，而我只是个大学生，人家为什么要跟我学习演说呢？

原因就在于，我有较强的思辨能力和语言表达能力，而这恰恰是他们所缺乏的。当时在学校，我一边读书，一边为他们做集体演说培训。即使到现在，也仍然有很多企业家，甚至包括他们的家人，跟着我学演说。

创新工场董事长李开复曾说，按照现在的人工智能发展速度，在未来20年，一半以上的工作都可能会由人工智能完成。但人工智能也有自己的缺陷，其不懂人类丰富的情感，因而无法完成以情感表达为内核的工作。具有良好表达能力的孩子，未来也比较容易建立良好的社交关系和影响力，进而将它们转化为职业发展上的优势。

这就提醒我们，平时一定要注重对孩子表达能力的培养。我在跟一些父母沟通的过程中，一般会建议他们采取下面的方法培养孩子的表达能力。

第一，增加孩子的词汇量。

想要提升表达能力，首先就要增加词汇量。词汇量大的孩子，对内容的表达会更准确、更完整。

那么，父母怎样才能帮助孩子增加词汇量呢？

对于年龄较小的孩子，我会建议父母多给孩子朗读绘本；对于稍大一些的孩子，父母可以鼓励他们自己看书。孩子从书上吸收的知识，会成为他们脑海中词汇库的一部分。

平常多与孩子交流，也可以增加孩子的词汇量。1982年起，认知社会学家贝蒂·哈特和托德·贝斯利连续3年追踪了42个所谓不同社会阶层的家庭，结果发现，孩子的语言表达能力与父母的受教育程度和社会经济地位都没有太大的关联，但与感受到父母语言的多少有密切关系。孩子感受到的父母的语言越多，其语言表达能力就越强；父母与孩子对话越多，孩子的词汇量增长就越快。

但是，有些父母跟孩子说话时，会下意识地对孩子说"不要""不行""不可以""停下来"等强制性语句。殊不知，这类语句不但不能真正让孩子听话，反而会对孩子语言表达能力的发展起阻碍作用。

正确的沟通方法是：少说强制性语句，用"闲聊"的方式来向孩子传达自己的观点。在闲聊时，也可以用开放性问题引导孩子多说，比如，父母可以问孩子："今天在学校开心吗？""有让你感到开心的事吗？是什么事呢？"而不要直接问："今天是乖孩子吗？"这种用"是"或"否"就能回答的问题，无法引导孩子更多地进行表达。

第二，训练孩子表达的条理性。

有些孩子在日常生活中是"小话痨"，在任何场合都说个不停。父母可能认为，这就是表达能力强的表现。有些孩子可能真的有不错的表达能力，但有些孩子说话就是欠缺条理性。

要训练孩子表达的条理性，我建议父母多用复述法。因为复述有助于提升孩子的记忆能力和理解能力，还能锻炼孩子的叙事能力。有一种很好的复述法叫"五指复述法"，就是教孩子利用5根手指来复述一件事情，一根手指代表这件事情的一个要点，从拇指到小指分别表示：人物（Character）、环境（Setting）、问题（Problem）、事件（Events）、解决方案（Solution）。只要孩子记住这5个要点，复述的时候其表达就不会欠缺条理性。

此外，孩子的模仿能力很强，父母平时向孩子解释或描述一件事时，也要注意说话的逻辑。比如，向孩子讲一件事时，可以用"因为……所以……""既然……那么……"等关联句；或者用"第一……第二……第三……"等句式，让孩子学会按顺序表达。

第三，引导孩子学会换位思考。

孩子在描述事情时，还经常出现一个问题，就是只会站在自己的角度去描述，完全不管听者对他描述的事情的背景是否了解，这可能会导致听者不明白孩子所描述的事情。

要避免这种情况出现，父母平时跟孩子沟通时，就要注意引导孩子说话时多考虑听者的感受。

07

培养孩子提问的习惯

古希腊哲学家苏格拉底曾说："人类最高级的智慧就是向自己或向别人提问。"很多时候，一个好问题比正确的答案更重要，因为好问题可以引发人们的思考，甚至能帮助人们发现之前被忽略的重要问题，反过来促进人们学习或工作能力的提升。

据说，犹太人在教育孩子的过程中，经常会问孩子问题。在每天接孩子放学回家时，他们也会问孩子有没有向老师提问。这种方法可以让孩子一直对各种事物保持好奇心。

孩子四五岁时，开口闭口都在问"为什么"，看见什么都好奇，喜欢问各种各样的问题：

"为什么天上的星星不会掉下来？"

"为什么有白天和黑夜？"

"为什么老人的脸上会长皱纹？"

"为什么男孩和女孩长得不一样？"

…………

有的父母被孩子问得不知道如何回答，就会变得很烦躁，要求孩子闭嘴，或者胡乱敷衍一下孩子。一些情绪焦虑的父母甚至会训斥孩子，嫌弃孩子问的问题太多。殊不知，这会严重破坏孩子的好奇心和探索欲望，也会影响孩子思维能力的发展。

孩子喜欢问问题，说明他们现有的知识已经不能满足他们的求知欲了，他们希望进行更深入的探索，获得更多的知识。心理学研究表明，提问是孩子思维发育的结果，而父母反过来向孩子提问又能促进孩子的思维发育。因此，不管孩子提出的问题是深刻的，还是看似无用的，都闪烁着孩子的智慧和灵气，体现着孩子对探索世间万物的热情以及对生活的热爱与向往，这些都是非常珍贵、非常有价值的。作为父母，我们不但不应该阻止孩子提问，还应该好好保护孩子的这一习惯，让孩子提问的习惯成为其本能。

所以，不管孩子提出的问题是简单的、可笑的还是难以回答的，父母都应该根据孩子的理解能力，对他们的问题给予及时的解答，或者引导他们积极思考，让他们发现更多新的问题，从而锻炼孩子深入思考的能力。这样才能让孩子一直保持开放的态度，激发孩子的学习热情和提问欲望。

不过，在具体回答孩子的问题和引导孩子思考时，父母也要注意以下几点。

首先，在孩子提问时，不要总说"等一等"。

如果孩子每次问问题时，你都跟他说"我正忙着呢，你等一下"，几次以后，孩子可能就会停止向你问问题了。

教育学博士陈美龄把自己的3个儿子都培养成了斯坦福大学的高才生，在分享自己的教育经验时，她说："当孩子提问时，永远不要让他们'等一等'或不回答。"不论她在做什么，只要孩子问她一个问题，如果她能自己回答出来，就会认真地回答孩子；如果自己刚好回答不出来，就会对孩子说："你这个问题问得很好，我们一起来找找答案吧。"她用这种方式引导孩子主动去探索，获得更多新知识。

你也会面临这种情况，就是自己正忙着做事时，孩子跑过来问这问那。如果你确实没有时间回答，可以暂停一下，告诉孩子，等你忙完手里的事就回答他；如果你不知道怎么回答孩子，那就跟孩子一起找答案。

其次，尊重孩子，正面回答孩子的问题。

孩子提出的一些问题可能会很无聊，这时有的父母就会说："这个问题不重要，没必要回答。"还有些孩子提出的问题，父母可能不知道如何回答，于是干脆不回答或敷衍孩子。

殊不知，在父母看来无聊的、不重要的、没用的问题，在孩子眼里却是非常重要、非常有意义的。针对孩子提出的问题，如果父母经常不回答或者敷衍孩子，孩子就会慢慢丧失好奇心和探索欲望，这是非常可惜的。

其实，父母完全没必要在孩子面前扮演全能的、无所不知的角色。比如，你可以非常坦荡地告诉孩子："这个问题妈妈也不知道，但是我们可以一起去寻找答案。"这样不但表达了自己认真对待孩子问题的态度，还尊重了孩子的情感，激发了孩子的学习和探索动力。

再次，用反问的方式引发孩子对问题的深入思考。

积极呵护孩子提问的习惯，与孩子一起探索答案，可以让孩子更快获得进步。但是，有些时候父母也可以用反问的方式，让孩子尝试思考和回答问题。

比如，孩子问你："为什么动物不能像人一样讲话？"这时，你可以不给他答案，而是反问他："你觉得是为什么呢？"孩子可能会给出很多奇奇怪怪的答案，但这没关系，你可以和孩子一起讨论他给出的答案，由此发展孩子的想象力和语言表达能力。当然，最后你要和孩子找出正确的答案，而不是用一些错误的答案误导孩子。

最后，鼓励孩子跟同伴交流和讨论各种问题。

孩子往往具有自己独立的思维逻辑，对各种新奇的知识都充满兴趣。父母再怎么睿智博学，也难以回答孩子所有的问题，满足孩子的好奇心。

在这种情况下，父母不要因为自己不能回答孩子的问题而感到焦虑，也不要斥责孩子。随着孩子年龄的增长，他们越来越需要与同伴交流，为此，父母可以多鼓励孩子跟同伴交流和讨论各种问题，一起寻找答案。这不但能很好地保护孩子的好奇心和求知欲，还能锻炼孩子与人交往的能力。

苏霍姆林斯基曾说过："孩子提出的问题越多，那么他在童年早期认识周围的东西也就越多，在学校中越聪明，眼睛越明，记忆力越敏锐。"面对喜欢问问题的孩子，父母不但不该感到烦躁、焦虑，反而应该感到高兴，继而好好保护孩子的这种好奇心，培养孩子提问的习惯，鼓励孩子通过合适的方式寻找答案，并对孩子的努力给予肯定。这样才能让孩子始终保持学习的热情，培养其出色的能力。

4

第4章

让孩子爱上学习

01.

学习高手是怎么产生的

在孩子的学习过程中，父母都希望自己的孩子能考出高分，在象牙塔中绽放出自己的光芒。为此，父母天天教导孩子刻苦学习，而孩子也在学习上花费了大量的时间和精力。

不过，孩子光靠刻苦、勤奋是很难成为学习高手的，这样不仅有时收效甚微，还可能导致孩子对学习失去兴趣。想让孩子成为一名学习高手，在学习上取得优异的成绩，还应该培养孩子良好的学习习惯，并帮助孩子掌握科学的学习方法。

我接触过大量的父母，也经常跟他们探讨孩子的学习问题。我发现，那些成绩优秀的孩子都有一些共同的特点，这些共同的特点也是他们能够成为学习高手的主要原因。

首先，他们都很清楚自己为什么而学习。学习不是为了考出好成绩，也不是为了考一所好大学，学习的终极目的应该是培养获取终身幸福的能力。

其次，他们都有很强的学习动力，这种动力可能来自责任，也可能来自梦想。

最后，他们都有比较完整的学习策略。一般来说，他们的学习策略包含 5 步。

第一步：制订科学、合理的学习计划。

为了让孩子养成良好的学习习惯，从孩子上小学开始，父母就要帮助孩子制订科学、合理的学习计划（大一些的孩子可以引导其自行制订）。学习计划既包括长期计划，也包括短期计划。长期计划可以以一学期为时限，短期计划的时限可以是一天、一周，也可以是一个月。

比如，孩子的语文成绩不太好，那么父母就可以和孩子先制定一个目标，如到期末时，将语文成绩从现在的 60 分提高到 80 分。要实现这个目标，父母需要和孩子制订短期计划，如每天阅读一篇文章，吃透文章内容；每周背诵三首古诗或三篇课文；每周末进行一次测试；等等。一个个短期计划的完成，不但可以增强孩子的信心，还能为目标的实现打好基础。

第二步：养成预习的习惯。

不管是小学阶段，还是初中、高中阶段，良好的预习习惯都能为孩子的学习助力。

在预习之前，父母可以让孩子先制订一个预习计划。比如，孩子在预习时，可以先大概看一下知识点，以了解下节课重点学习哪些知识点；如果对某些知识点存有疑问，可以查阅资料，针对这些知识点进行重点预习；如果遇到解决不了的问题，可以用笔标注出来，提醒自己在听课时集中注意力弄懂这些问题。

孩子一旦养成了预习的好习惯，就可以带着问题听课，在课堂的 45 分钟内，其掌握的知识量可以达到 80%，甚至 90% 以上。反之，如果没有预习，他们在课堂上掌握的知识量一般只有 50%~60%。可见，预习对于孩子的学习多么重要。

第三步：听课时善于抓重点。

我们回忆一下自己上学期间的经历，可能会发现，那些学习成绩比较好的同学通常不会每天死记硬背，或者做大量的练习。相反，他们学习起来似乎很轻松。这是因为这些同学的学习效率比其他人更高，而这种学习效率就来自他们的听课效率。这部分同学在听课时非常善于抓重点，同时也会集中精力弄懂这些重点，所以学习起来更高效。

一般来说，老师在上课时都是有一定节奏的。通常在一节课的前 10 分钟，老师会总结上节课的内容，接下来会讲本节课的重点内容，这段时间大约为 20 分钟。在剩下的 10 多分钟里，老师会总结本节课的核心内容。由此可见，善于抓住一节课中间的 20 分钟，就可以有效提高听课效率。

第四步：课后积极主动复习。

课后复习是孩子巩固所学知识不可或缺的一步。养成课后积极主动复习的习惯，也是孩子牢牢掌握知识的关键。

孩子白天在学校上课，可能没有太多的时间用于复习，父母可以让孩子放学回到家后，根据课堂笔记认真回想老师在课堂上所讲的知识要点，对当天所学知识进行认真复习。孩子也可以在晚上躺在床上准备睡觉时，将当天所学知识回忆一遍。如果孩子能够顺利地将当天所学知识都回忆起来，那就表示他已经掌握了。如果有回忆不起来的，或者感觉掌握得不太牢固的，那么孩子第二天就需要查阅课本，或者请教老师、同学，将自己不懂的知识弄懂、吃透。

第五步：善于利用错题本。

整理和归纳错题，永远是让孩子学习受益的好方法。孩子通过错题对题型或知识点进行分析和总结后，再次遇到同类题时就能有效避免犯错。如果孩子不善于归纳错题，让那些错题分散在不同的课本、教辅书和试卷里，也许在刚订正时还能记住某道题是怎么解的，但一段时间过后，很可能就会忘记这道题的解法。

需要注意的是，学习高手的养成不是一蹴而就的，学习是一个漫长的过程，需要孩子刻苦、勤奋，同时也需要孩子掌握科学的学习方法。在这个过程中，父母要做好孩子的陪伴者和引领者：在孩子情绪低落时，给予孩子支持和鼓励；在孩子骄傲时，给予孩子适当的提醒，让孩子保持积极的学习态度和稳定的学习状态。

孩子学习路上的三大困境

经常有父母跟我咨询孩子的学习问题，比如，有的孩子听课时注意力不集中，写作业磨蹭；有的孩子一遇到难题就退缩；有的孩子总说自己努力了，但成绩就是上不去……每一次，父母都会很焦急地问我："老师，您快给我们出出主意，这孩子的问题该怎么解决啊？"

我很理解父母的心情，这些情况在孩子身上也很常见。常见的应对方法，要么是不断地批评孩子，要么是不断地鼓励孩子，但都收效甚微，结果孩子学得很累，父母也感到很失望。

到底该怎么破局呢？

事实上，要想解决孩子的学习问题，父母首先应该找到具体的原因，然后才能对症下药。孩子出现这些学习问题的原因通常不是单一的，可能与孩子的生理、心理以及家庭、学校、社会等多种因素有关。如果父母不能综合考虑这些因素，只是看到孩子出现学习问题，就盯着学习问题来解决，那也只能解决表面的学习问题，最终很可能不但学习问题解决不了，而且自己和孩子都陷入了无助的状态。

一般来说，孩子之所以出现学习问题，往往是因为陷入了3个困境。

第一个困境：认知神经困境。

如果你仔细观察就会发现，孩子在学习时可能会磨蹭、走神，无法集中注意力。这时你可能会对孩子说"你不要磨蹭了，赶紧写作业！""你怎么又走神了？快点把作业写完！""写作业时不要乱动，认真写！"，你觉得这样可以提醒孩子，让孩子把注意力集中在学习上。但在孩子的认知世界中，这些话不但充满负能量，还会加深他们对"磨蹭""走神""乱动"等词的印象。结果，你对孩子说完后，孩子的状态不但没有好转，他们反而可能更磨蹭、更容易走神、更爱动了。

这主要与孩子的认知神经系统有关。人的大脑有两个功能，一个是兴奋，一个是抑制。当你对大脑说"别磨蹭"时，"磨蹭"这个词就会激活大脑的兴奋功能，而抑制功能会努力让你摆脱"磨蹭"这个念头，但是很难做到。

所以你会发现，当你跟孩子提出"别磨蹭""别走神""别乱动"等要求时，孩子是难以做到的。原因就是孩子大脑的兴奋功能更强，但抑制功能还不够强。

想要真正帮到孩子，你在对孩子强调一件事时，就要尽量用正面性质的语言，把一些带有负面性质的语言，如"不要""别""磨蹭""走神"等全部去掉。你有什么样的期望，就直接提什么样的要求。

第二个困境：本能需求的困境。

几乎所有孩子进入学习状态都不如进入玩游戏的状态快，因为学习不符合孩子的本能需求，而玩游戏才符合孩子的本能需求。

人在从事一项活动时有两种反馈模式。一种是快速反馈，也就是做一件事情马上能看到结果。比如孩子玩游戏时很快就能得到结果，这就符合孩子的本能需求。还有一种是慢反馈，也就是做一件事情需要较长时间才能看到结果。比如孩子学习一个知识点时，可能需要坚持几个小时，甚至几天，才会看到结果，这就不太符合孩子的本能需求。

那这种问题该怎么解决呢？

一个比较有效的方法就是帮助孩子分解目标。比如，孩子今天的目标是写 20 个生字，一口气写完可能比较困难，这时你就可以帮他分解目标：先让孩子写 5 个生字，写完后记得给这个目标打钩，表示完成，其间给予孩子一定的表扬和鼓励；接下来让孩子再写 5 个生字，以此类推，直到完成目标。

当把一个大任务拆分成几个小任务来完成时，孩子就会发现，20 个生字写起来也并不难，这就是快速反馈带来的效果。

第三个困境：教育的困境。

教育的困境就是父母在面对孩子在学习过程中出现的一些

问题时，没有积极寻找根源，也没有寻求有效的解决方法，而是直接采用批评、责骂等方式解决问题，结果孩子的学习效率不但没提高，反而还更低了。

为什么会出现这样的情况？

因为人的大脑分为两部分，一部分是理智脑，一部分是情绪脑。在孩子情绪稳定时，他们会用理智脑去思考和解决问题。但是，孩子被批评、责骂后，就会产生害怕、恐惧等负面情绪，这时他们的情绪脑会被激活，孩子就会进入战斗或逃跑的状态。一旦进入这种状态，孩子的大脑就会变得麻木，他们不但难题不会做，连原本会做的题也都不会了。这也是用批评、责骂等方式教育孩子不但不能让孩子变得爱学习，反而会让孩子厌学的主要原因。

这也提醒我们，不管是陪伴孩子学习，还是平时教育孩子，都不要采用批评、责骂等方式，否则不但不能让孩子变得更好，反而还可能让孩子产生逆反心理。只有在了解孩子成长规律的基础上，找到问题的根源，才能更有针对性地解决孩子的学习问题。

03

激发孩子学习的原动力

现在，几乎所有的父母在聊到孩子的学习问题时，脑海中都会出现一个词：焦虑。为了让孩子好好学习，他们可谓煞费苦心：每天陪孩子写作业；花钱给孩子购买课程；自己先学一些知识，再耐心地教给孩子……但是，孩子好像并没有按照父母的期望前进，甚至对父母的教育方式感到不满。于是，家长愤怒，孩子崩溃，亲子关系越来越糟糕，孩子的学习问题仍然没有解决。

到底是哪里出了问题？为什么父母如此努力，却还是无法激发孩子的学习热情？

之所以出现这样的问题，是因为父母只是在用自己的方法"帮助"孩子，推着孩子学习，却没有激发孩子学习的原动力。

要想让孩子拥有持续的、强大的学习原动力，就需要调动他们的"内燃系统",激发他们的内驱力。

在知识技能层出不穷、迅速迭代的时代,能够适应大规模协作、具有强大学习能力的人,才能更好地立足社会。要成为这样的人,孩子就需要保持对未知的好奇心以及终身高效学习的原动力。

学习不是一蹴而就的事,它要求孩子不仅在学校里学习,以后走上社会也不断地学习。可以说,学习是一个人需要坚持一生的事。如果孩子没有学习的原动力,在上大学以前,有老师和父母的催促,他们可能还会学下去;一旦考上大学,走上社会,他们可能就会彻底放弃学习。这也是很多孩子高中时很优秀,到大学时就彻底"躺平"的主要原因。这些孩子在未来走向社会时将会经历怎样的坎坷,可想而知。

既然学习的原动力如此重要,那父母该如何激发孩子学习的原动力呢?

我认为父母可以从下面 3 个方面入手。

第一,运用责任与梦想的力量激励孩子。

美国著名脑科学家吉尔·泰勒,很小的时候就发现比自己大 18 个月的哥哥很特殊,跟自己和周围的其他人都不同。后来泰勒才知道,哥哥之所以"与众不同",是因为他患有精神分裂症。爸爸妈妈为了照顾哥哥，每天累得精疲力尽。于是，泰勒便萌生了一个梦想：长大后成为一名优秀的脑科学家，治愈哥哥的疾病，减轻爸爸妈妈的负担。

就是这样一种责任感，一直激励着泰勒去追求梦想。她努力学习，成年后真的成为著名的脑科学家。

后来，泰勒不幸患上了一种罕见的疾病，这导致她身体的不同部位渐渐失去知觉。放在普通人身上，这可能是一件让人绝望的事，但因为有梦想的支撑和执着的精神，泰勒没有被疾病打垮。

研究大脑复杂结构的经验有助于泰勒观察这种疾病对自己的影响，但这个过程非常辛苦。泰勒花了整整 8 年的时间，才凭借超乎寻常的意志和乐观的精神战胜了病魔。在此期间，她还提出了一套行之有效的精神分裂理论学说。

可见，责任与梦想的力量是多么巨大，它可以有效激发孩子学习的原动力。

第二，赏识和激励孩子，让孩子看到自己的优点。

著名教育家苏霍姆林斯基曾说："只有能激发学生去进行自我教育的教育，才是真正的教育。"

那要如何激发孩子进行自我教育呢？

一个有效的手段就是赏识和激励孩子，让孩子看到自己的优点，并从中获得"我能行""我可以更好"的心理感受。这既是在肯定孩子现在的能力，也是在为孩子潜能的发展提供原动力。

《读者》杂志上有一篇文章，文中的主人公虽然是虚构的，但因其颇为励志的故事而被广泛流传。主人公名叫罗杰·罗尔斯，他是美国纽约州历史上的第一位黑人州长，但你知道他是如何成为州长的吗？

罗杰·罗尔斯出生在纽约州的一个贫民窟。这天，他旷课跑出去玩，在翻墙时碰巧遇到了校长保罗。校长不但没有责备他，还拉着他脏脏的小手说："我一看到你这修长的手指，就知道未来纽约州州长的职位非你莫属。"

就这样，"纽约州州长"这几个字刻在了这个黑人小孩内心的最深处。从那天起，罗杰·罗尔斯忽然变得安分起来，不仅衣服每天干干净净的，说话、做事也都变得文明起来，并且他开始努力学习。

在 51 岁那年，罗杰·罗尔斯真的当选为纽约州的州长，并且是纽约州历史上第一位黑人州长。记者问他，是什么力量让他成为一名州长。他说："是当年校长对我的赏识，给予了我力量。"

赏识和激励孩子，其实是从孩子的需求出发，以尊重孩子的价值为前提，唤醒孩子的主体意识及学习潜能，让孩子真正成为学习的主人。当孩子知道是为自己学习时，他自然就会产生学习的原动力。

第三，用心呵护孩子的好奇心。

初到五彩斑斓的人间，孩子几乎对所有事物都一无所知，但又发自内心地想去探索研究，这就是好奇心。

在好奇心的驱使下，孩子会对自己感兴趣的事物刨根问底，直到获得令自己满意的结果。好奇是孩子的本能，更是孩子自主学习的原动力。用心呵护孩子的好奇心，为孩子提供丰富多彩的学习环境，让孩子自然而然地爱上学习，就是在呵护孩子学习的原动力。

总之，父母应该正确引导孩子，激发孩子的学习兴趣，帮助孩子找到学习的原动力。这样，孩子才能自发地学习，并从中获得成就感和价值感。

04.

大语文中的智慧

什么是大语文呢?

简单来说，大语文学习不是死记硬背各种语文知识，而是让孩子对语文有关内容形成自己的认知，学会理性思考。

大语文学习对一个人综合素养的提升是非常有帮助的，学好语文不仅有利于其他学科的学习，对于提升孩子的理解能力、逻辑思维能力、沟通表达能力等也都大有帮助。数学家华罗庚就曾说过："学理科的不学好语文，写出来的东西文理不通、枯燥无味、佶屈聱牙，让人难以看下去，这是不利于交流、不利于事业发展的。"而胡适在《中学生的修养与择业》中说道："中学生要将来有成就，便应该注意到'求工具'——学业上、事业上、知识上所需要的工具。……第一种工具是语言文字。不论就业升学，以我个人的经验和观察所得，语言文字是最需要的工具……"

"工欲善其事，必先利其器"，这里的"器"指的就是工具，这句话大致是说要做好一件事，工具的选择非常重要。而大语文就是孩子人生当中不可或缺的学习和交流工具，大语文学习可以培养孩子的理解、推理等多种能力。

既然大语文这么重要，父母怎样才能让孩子做好大语文学习呢？

我在这里给大家几个建议。

第一个建议：引导和鼓励孩子阅读课外读物。

阅读大量课外读物是孩子学好大语文、提高文学素养的基础之一。美国心理学家克拉森研究发现，孩子经常阅读课外读物对提高写作能力的作用要远大于机械的写作训练。

在孩子很小的时候，父母就应该有意识地培养孩子阅读的习惯。一开始父母可以给孩子讲故事，也可以给孩子播放故事音频、视频。等孩子五六岁后，父母就可以引导孩子自己看书，认识书上的一些简单的字词、短句等。久而久之，孩子的大脑中就会积累很多语文知识。

现在市面上供孩子阅读的书籍非常丰富，比如我国古典四大名著，不仅故事情节精彩，还能激发孩子的想象力。你可以直接将其中的故事讲给孩子听，当孩子被这些故事深深吸引时，你可以对孩子说"你要是看到这本书，会发现书中的文字比妈妈讲得还精彩呢！"，以此激发孩子的阅读兴趣和想象力，从而让孩子慢慢爱上阅读。

第二个建议：让孩子养成写日记的习惯。

著名教育家叶圣陶认为，写日记可以培养"实事求是、说老实话"的文风，是提高写作能力的好办法。对于孩子来说，写日记也是锻炼他们的语言表达能力的重要途径之一。

有些父母认为，孩子每天忙于学习，根本没有时间写日记。其实，日记不需要写很长，哪怕每天孩子写完作业后，"顺便"写上几句话，对孩子来说也是有帮助的。更重要的是，这可以让孩子形成一种良好的学习习惯，同时积极地感知周围的环境。

写日记还能帮助孩子养成阅读习惯。孩子有时读了一本书，可能就会把感想写到日记里；有时为了写日记，可能也会主动去阅读一些书。两种行为相辅相成，既培养了孩子的阅读习惯，还让孩子养成了写日记的习惯，可谓一举两得。

第三个建议：注重孩子学习的过程，而非结果。

大语文学习是一个需要长期坚持的过程，孩子短期内的学习可能不会产生明显的效果，这时父母也不要急功近利，而要鼓励孩子继续坚持，相信自己总会有所收获。

比如，一知道孩子喜欢唐诗，有些父母马上就要求孩子一天背诵几首，甚至还拉着孩子背给别人听，完全忽略孩子的感受，这就会让孩子失去学习唐诗的兴趣。

父母平时要引导孩子在生活中学习语文，开展丰富多彩的语文实践活动，如一起玩成语接龙、一起背诵名词佳句、一起朗读美文等，这能帮助孩子记住大量的语文知识，引导他们发掘阅读的乐趣，让他们在学习中与知识对话，帮助他们提升文学素养。

05.

保护孩子的好奇心

著名人本主义心理学家卡尔·罗杰斯一直致力于研究如何坚持"以孩子为中心"，让孩子实现有意义的自主学习。他认为，学习"并不是将无助的个体牢牢地绑在椅子上，再将他的脑子塞满那些没有实际用途的、得不到结果的，并且很快就会被忘记的东西"；相反，真正的学习是让孩子"在好奇心和兴趣的驱使下，不知疲倦地吸收自己看到、听到、读到的一切有意义的东西"。

如果父母没有好好保护孩子的好奇心，就可能影响孩子对学习的兴趣和求知欲，导致孩子学习时只会遵循填鸭式的准则，不会深入思考，也不会问为什么。这样的孩子未来在生活和工作中遇到困难时往往也不愿意自己想办法解决，只等着别人告诉他该怎么办。

父母是孩子的第一任老师，孩子能不能爱上学习，很大程度上就取决于第一任老师。父母有什么样的认知、采用什么样的教育方式，就会为孩子提供什么样的教育环境，从而决定孩子能不能爱上学习。

在孩子学习的过程中，父母对孩子好奇心的保护非常关键。如果父母能经常跟孩子讨论一些有趣的问题，比如：人类是从哪里来的？什么是黑洞？黑洞是什么样的？时间只有三维世界才有吗？……这些问题都可以引发孩子的思考，还能促使孩子自己到书中去寻找答案，进而可能让孩子因此喜欢上某些学科，如物理。这就是激发和保护孩子好奇心的过程。

一说起物理，我们就能想到一个名字：霍金。霍金是世界上最著名的物理学家之一，他一生中的几十年时间都是在轮椅上度过的。但就是这样一个几乎完全靠轮椅生活的人，他的思想却可以飞到地球之外的很多地方。

这样一位伟大的物理学家是怎样培养出来的呢？

在霍金小时候，他的父母就非常注重保护他的好奇心，并且还通过各种方式培养他的创造力、思维能力、解决问题的能力等。从小学阶段一直到中学阶段，霍金的学习成绩并不理想，但他却拥有强烈的好奇心，对问题经常有独到的见解，解决问题的能力也很强。

好奇心越强的孩子，其求知欲就越强烈。但是，如果父母没有及时满足孩子的求知欲，孩子就会缺乏学习和探索的兴趣，求知欲也会逐渐减弱。这就提醒父母，不仅要保护孩子的好奇心，还要及时满足孩子的求知欲。

针对这一点，我有几个建议分享给大家。

第一，激发孩子对学习的兴趣。

要让孩子对学习产生兴趣，父母可以先用各种方式激发孩子的好奇心，然后满足孩子的求知欲。

比如，你想让孩子对物理产生兴趣，那就可以和孩子一起做一个自助饮料机。你们需要先找来一个瓶子，往瓶子里倒入一些果汁；然后找一根较长的可弯曲的吸管，将吸管插入瓶子，确保吸管的一端浸入果汁；再找来一个杯子，弯曲吸管，将吸管的另一端放入杯子；接着给装有果汁的瓶子加热，过一会儿你们就会看到，果汁沿着吸管流入杯子。这样，一个自助饮料机就做好了。孩子看到这个小实验这么有趣，很可能会产生强烈的求知欲，这时你就可以引导孩子思考，然后将其中的原理讲给孩子听。

这个小实验简单可行，便于操作，更重要的是，它可以激发孩子的好奇心和学习兴趣。

第二，保护孩子的创新思维。

生活中经常会出现这样的场景：父母给孩子买了一个新玩具，孩子还没怎么玩呢，就把它给拆了，拆完之后还不断研究里面的结构。这时，一些父母就会觉得孩子在搞破坏，不知道珍惜玩具，于是将孩子批评、责骂一通，还表示以后再也不给孩子买新玩具了。

如果你也这样做，那就完全误会孩子了，并且还阻碍了孩子探索精神和创造力的发展。因为孩子并不是在搞破坏，他只是想知道这个新玩具为什么会发光、为什么会响、为什么会动。可以说，孩子拆卸新玩具的过程，其实正是孩子发展创造力的过程。

正确的做法应该是支持孩子的这些探索和创造行为，并鼓励孩子充分发挥想象力，将新玩具组装成任何样式，让孩子的创造力得以充分发挥。在这个过程中，父母也可以参与进来，在孩子拆卸或组装时给予恰当的引导。当孩子把自己组装的看似奇特的"新发明"展现给父母看时，父母也要表示欣赏和赞许，从而保护孩子的好奇心和创造力。

第三，允许孩子有各种奇特的想法。

很多成年人总觉得自己的想法和做法才是科学的、正确的，而孩子的某些想法和做法都很幼稚，或者根本就是错误的。所以在听到孩子的一些奇特的甚至有些荒唐的想法时，他们总想要纠正孩子，想要把自己心中的"标准答案"告诉孩子。殊不知，孩子大脑中藏着无数个"为什么"，孩子想了解世界本来的面目，提问就是他们探索世界的重要途径之一。

霍金的女儿露西曾讲过一个关于霍金和一个小男孩的故事。

有一次，霍金参加宴会时，一个小男孩跑过来问霍金："霍金先生，您是世界上最著名的物理学家，我想问您一个问题，如果我掉进黑洞里了会怎么样？"

听到小男孩提出的这个奇特的问题，霍金并没有嘲笑他，而是笑着回答："那你可能会变成一份特别香甜的意大利面。"

小男孩认为霍金给出的这个"可怕"的答案很有趣，笑着跑开了。露西听到这个答案后，大脑中却产生了一个想法：如果真的有人掉进黑洞，到底会怎么样呢？她准备以这个想法为核心进行故事创作，并打算说服自己的父亲参与进来。

著名数学家陈景润曾说："孩子有好奇心是件好事，他能拆开玩具证明他有求知欲望，能研究问题。当父母的要支持他才对。"

所以，父母要记住：保护孩子的好奇心，培养孩子求实好学的精神，这将让他受益终身。

孩子写作业磨蹭怎么办

许多家庭经常会上演这样的场景：孩子写作业时总是拖拖拉拉，一会儿喝水，一会儿吃东西；好不容易开始写，结果才写几个字就又停下来发呆……面对这样的场景，很多父母都非常崩溃。有些父母看到孩子磨磨蹭蹭写完的作业，上面的字歪歪扭扭、凌乱不堪，更是怒不可遏。

父母的心情可以理解，毕竟孩子磨蹭的习惯一旦形成，就后患无穷。因此，父母希望孩子能够养成良好的学习习惯，尤其在写作业时，可以主动、积极、认真地完成。而真实的情况却是：孩子拖拖拉拉、磨磨蹭蹭，父母催促多遍仍然不见效果。于是，忍无可忍的父母便情绪爆发了。

粗暴的方式也许能让孩子加快写作业的速度，但同时也会让孩子对写作业更加厌烦。

家庭教育中有一种现象，叫作"黄叶子现象"。如果把孩子比作一棵树，想让这棵树成材，就要时刻让树保持健康的状态。一旦树上出现了非正常的黄叶子，就说明这棵树出问题了，生病了，这时该怎么办？直接把黄叶子刷绿吗？显然不能，父母得找出叶子变黄的原因，然后对症治疗，才能让黄叶子从根本上变绿。

孩子写作业磨蹭就是一种"黄叶子现象"，这说明孩子在学习方面出现了问题。想要解决问题，就不能只关注表面现象，每天不停地催促孩子写作业，而应该找出"黄叶子现象"出现的原因，然后才能"对症下药"，让"黄叶子"从根本上变绿。

一般来说，孩子写作业磨蹭主要有下面几个原因。

第一，孩子不想面对被父母额外布置作业的结果。

有些父母，尤其是做老师的父母，对孩子的要求往往比较严格。孩子写完学校老师布置的作业后，父母可能还会额外给孩子布置一些作业。特别是在临近考试时，父母额外给孩子布置的作业更多，这会让孩子非常难以接受。就像你在单位辛苦工作了一天，马上要下班了，结果领导突然发来一条消息，让你今天晚上在单位加班做出两套完整的PPT一样，你心里会舒服吗?

孩子也是如此。很多孩子写作业磨蹭并不是真的讨厌写作业,而是不想面对被父母额外布置作业的结果,所以干脆多磨蹭一会儿,觉得这样父母可能就不会再给自己额外布置作业了。

第二,父母以自己的时间观念来要求孩子。

孩子年纪小,他们写作业的速度对于他们自己来说可能已经不算慢了,但父母是成年人,习惯用成年人的心态来看待时间问题。比如,一项作业孩子也许真的需要一小时才能完成,但父母可能会认为孩子 30 分钟就能完成。如果孩子 30 分钟后没有完成,父母就会认为孩子磨蹭。说到底,这也是父母的焦虑情绪在作祟。

第三,父母喜欢监工。

孩子写作业时,很多父母都喜欢坐在孩子旁边,还美其名曰"陪伴"。其实在孩子看来,父母就是在监视自己。在父母的监视下写作业,对于孩子来说是非常有压力的,孩子会觉得自己不被信任,甚至由此产生不安、恐惧、沮丧等负面情绪。这些负面情绪则会导致他反应迟钝,写作业的效率明显降低。

可见，孩子有时写作业磨蹭，并不完全是孩子自己的原因，还可能是因为父母没有为孩子营造宽松、愉快的学习氛围，只知道监视、指责孩子。这看似是在严格要求孩子，其实已经伤害了孩子。

找到了孩子写作业磨蹭的原因，接下来父母才能找到有针对性的解决方法。在这里，我提几个建议，希望对父母和孩子都有帮助。

第一个建议：培养孩子的时间观念。

如果父母一定要陪孩子写作业，那就用闹钟或时间沙漏和孩子约定好写作业的时间。比如，父母可以先问问孩子："你感觉自己需要用多长时间写完作业？"孩子可能会说："30分钟就差不多，如果效率高一点，20 分钟就可以写完。"这时，父母就可以和孩子约定好时间，比如："那就 30 分钟吧，可以让你的时间宽松一点。"同时，父母也可以跟孩子约定好，如果孩子在 30 分钟内写完作业，自己可以陪他玩一会儿，或者允许他看一会儿动画片。这样，孩子对写完作业之后的活动就会充满期待，对于写作业也会更加积极。

第二个建议：孩子写作业时，父母不要主动陪伴或提供帮助。

孩子上低年级，比如一、二年级时，可能需要父母陪着写作业。到了四、五年级之后，孩子一般就不再需要父母的陪伴了，自己就能独立完成作业。

父母可以提前跟孩子沟通，问他们在写作业时是否需要自己的陪伴或帮助。如果孩子不需要，那父母就去做自己的事情，不要强行陪伴孩子，或者对孩子指手画脚。如果孩子需要帮助，也等他们自己提出来后，父母再去帮助他们。父母应当给予孩子充分的自主权，相信孩子可以自己完成作业。

第三个建议：帮助孩子养成良好的写作业的习惯。

低年级的作业量一般不会太大，孩子放学回到家后，父母可以让他们休息一会儿再写作业。作为父母，我们不仅要督促孩子学习，更要给予孩子理解和体谅。

在孩子休息时，父母有空的话，可以陪孩子做做运动、玩玩游戏等，增进一下亲子感情，然后让孩子按照规定的时间写作业。写完作业后，父母可以让孩子休息一会儿，之后再吃晚餐或参加其他活动。这样安排可以帮助孩子养成良好的写作业的习惯。

在学习过程中，孩子可能会遭遇各种困难、挫折，也会时常感到焦虑、无助，而父母的理解、帮助、安抚可以有效地缓解孩子的焦虑情绪。如果父母比孩子还焦虑，和孩子相处时带着负面情绪，在孩子写作业拖拉、磨蹭时大吼大叫，只会让孩子更加厌恶写作业。有些时候，事情本身可能没那么重要，对待事情的态度更重要。父母做到情绪稳定、状态良好，可以给孩子带来更多的积极影响，这样孩子在学习时也会更有动力、更有信心。

07

培养孩子终身阅读的好习惯

培养孩子的阅读习惯可以让孩子终身受益。这不仅关乎孩子的学习，还关乎孩子的身心健康。

我曾在瑞士生活过一段时间，经常看到这样的场景：每到周末，大街上就会出现很多非常舒适、明亮的流动阅览车，车子里还会准备很多饮料、水果等。一些人会登上流动阅览车，坐在里面安静地读书，也可以把车上的书借回家读，下周末再还回去。车上的书有的是读者捐赠的，有的是政府出资购买的。当地居民把流动阅览车称为流动的爱与智慧。

我经常看到很多老人和小孩坐在流动阅览车里读书，他们感到非常舒适、自在。哪怕是在寒冷的冬天，当你看到车里的人喝着热气腾腾的饮料，手里捧着一本书，脸上洋溢着幸福的笑容，都会被他们深深感染，那是一种特别美好的享受。

当阅读成为人们生活的一部分时，人们才会真正爱上阅读，也才会养成终身阅读的习惯。在这个信息爆炸的时代，养成终身阅读的习惯，就有可能找到幸福一辈子的秘诀。孩子也是如此，当他们阅读不是为了应对考试，也不是为了拿到好成绩，而是为了体会阅读的美妙，体会阅读带来的幸福感时，他们才会真正地爱上阅读。

要培养孩子终身阅读的好习惯其实并不难，大家可以采用下面的方法让孩子爱上阅读。

第一，在孩子很小的时候就引导孩子读书。

在孩子很小的时候，有些父母就会为他们购买大量的图书等，并把它们放在家里的各个角落。孩子刚学会爬时，就会去触摸、观察这些书。同时，父母自己每天也会花很多时间读书。很多孩子最幸福的童年记忆，就是和父母一起坐在桌前读书。

第二，和其他家庭成员一起引导孩子养成阅读的习惯。

在培养孩子的阅读习惯时，言传不如身教，身教不如境教。孩子往往不会听你怎么说，只会看你怎么做。全家人一起读书，是对孩子最好的教育。

我很小的时候，经常跟着妈妈到外公家读书。外公是个特别爱读书的人，家里有很多藏书，每次我和妈妈去他家，都会到书房里读书。有时遇到不懂的问题，妈妈就会鼓励我自己到书中去寻找答案。再大一些，我还会跟妈妈一起讨论一些问题，如果外公也在书房，我们的讨论会更加热烈。通过这种方式，妈妈不但很好地呵护了我的好奇心，还引导我养成了阅读的习惯。

第三，要从孩子感兴趣的书入手。

每个孩子都有自己喜欢的书，比如有的孩子喜欢读故事书，有的孩子喜欢读科幻类的书，还有的孩子喜欢读动物类的书。不管孩子喜欢读哪类书，父母都应该尽可能地从孩子感兴趣的书入手，引导孩子养成阅读习惯，不要强迫孩子按照自己的喜好选书、读书。

当然，父母也可以给孩子推荐一些经典名著，如中国古典四大名著等。我有一位朋友，喜好国学，就想让自己的孩子读国学方面的书，但他担心孩子一开始读不下去，就先给孩子选择有关国学的通俗读物。比如，他想让孩子读《论语》，就先给孩子选了一本国学入门书，孩子刚开始读不进去，没想到后来越读越喜欢，一连读了好几遍。后来，他又带着孩子到孔子故里旅行，给孩子讲各种关于孔子的故事。回到家后，他才给孩子推荐《论语》。因为有了之前的铺垫，孩子很自然地就接受并慢慢喜欢上了《论语》。这种循序渐进的引导方式，比强迫孩子阅读要有效得多。孩子只有自己感兴趣，才会愿意仔细阅读一本书。

此外，如果条件允许，父母也可以经常带孩子到图书馆去读书，那里是最适合阅读的地方。经常去图书馆，看到那么多的藏书，那么多人在里面安静地阅读，孩子可能也会不知不觉地爱上读书。

5

第 5 章

有好品格的
孩子才有好未来

正直善良的孩子未来会更幸福

一位家长曾跟我分享了这样一件事。有一天，他儿子放学回来，对他说："今天我们班的几个人又欺负小林了。"接着，孩子给他讲述了详细的过程。这位家长警觉这已经算是校园霸凌了，于是就问儿子："那你怎么看这件事？你觉得要告诉老师吗？"结果他儿子很冷漠地说："这跟我没什么关系，我也没必要参与。"

听完孩子的话，这位家长内心非常郁闷，他一直觉得自己是个正直善良的人，在教育中也很注意培养孩子这方面的品格，但孩子为什么会有这样的表现呢？

哈佛大学心理学家的一项研究表明：大约80%的青少年都认为，自己的父母更关心他们的学习成绩或个人幸福，却很少关心他们是否关爱别人。这位家长的孩子以及研究中的大部分青少年表现出来的态度，往往与家庭教育有很大关系。大部分父母可能会在言语上教育孩子要正直、善良，但在行动上却更关心孩子的学习成绩和他们是否快乐。在这种教育方式的影响下，孩子也会不自觉地表现出对他人的漠不关心，以及"事不关己，高高挂起"的态度。

但是，孩子不是孤岛，未来也不可能生活在只有自己、没有他人的环境中。他们需要与他人、与社会建立紧密连接。而孩子成为一个正直善良的人，学着去理解和帮助他人，才会更受欢迎，也会因此更加幸福、更有价值感和使命感。

这个观点不难理解，如果你的孩子是一个个性正直且善良的人，在学校里经常帮助别人，大家都认识他、喜欢他，那么他就可能担任小组长或班长，这会增强孩子的价值感和成就感，并让孩子的心理更健康，孩子也更容易获得幸福感。科学家通过研究也发现，当我们在帮助、支持、安慰别人时，大脑中的奖赏中心腹侧纹状体的血流量会增加，这说明帮助别人的行为会促进大脑分泌更多的多巴胺。多巴胺是一种神经递质，主要负责传递兴奋、开心的信息，所以又被称为"快乐使者"。"助人者自助"，其中的"自助"可以理解为"获得强烈幸福感的自我驱动力"。

作为父母，我们的责任之一就是教育并引导孩子做一个正直善良的人。关于如何教育并引导孩子成为这样的人，我个人有一些见解和建议。

首先，成为孩子的榜样。

孩子天生就会模仿周围的人，尤其会模仿家人。所以，父母自己首先要做正直善良的人，成为孩子的榜样，用自己的言行去影响孩子，让孩子在潜移默化中养成良好的品格。

有一部影片叫《查理和巧克力工厂》，影片中的查理是一个来自贫困家庭的孩子，他的家人十分和睦友爱。

有一天，查理意外地获得了一张来自全世界最著名的巧克力工厂的入场券。于是，查理就和另外 4 个同样获得入场券的孩子一起进入巧克力工厂，开启了一场神奇的冒险之旅。在这段旅程中，其他 4 个贪婪、自私的孩子被各种诱惑吸引，相继被淘汰，只有善良正直、富有爱心的查理经过了重重考验，最终获得了巧克力工厂的继承权。

从这部影片中可以看出，查理的家庭虽然不富裕，但却培养查理形成了正直善良的品格，这也成为影响查理一生的最宝贵的财富。

其次，给予孩子正确的道德和价值观教育。

教育是塑造孩子品格的重要手段之一，父母要给予孩子正确的道德和价值观教育，让孩子知道什么是对的、什么是错的。

我有个 11 岁的女儿，她的画画得很好。在学习之余，她经常在一些平台上接单画图，每幅图的售价为 4~10 元。有一段时间，她迷上了 3D 动画制作，后来在某平台上结识了一位客户，这位客户对我女儿的画风很感兴趣，就想让我女儿帮他制作一个三四分钟的短视频。我女儿就跟这位客户沟通说："您需要的这个短视频时长为三四分钟，我大约需要先画 200 幅图，然后一帧一帧地做出来。每幅图平时的价格是 4~10 元，您要的图多，我给您优惠些，每幅图就收 1 元吧，这样您需要支付 200 元的费用。但又因为这是您第一次购买我的作品，我再给您优惠一些，150 元成交，怎么样？"这位客户很开心，两个人愉快地达成了协议。

接下来的时间，女儿就开始认真地画图。我看到她画出来的作品后，感到非常惊讶：一个从没系统学过 3D 动画制作的孩子竟然能画出那么棒的作品。于是，我就故意对她说："你的这些作品画得真好，要不你把它们挂到网上，卖给更多喜欢你作品的人吧？"结果女儿非常认真地说："妈妈，我的每一幅作品都是专门为一个人创作的，怎么能重复售卖呢？如果有谁喜欢我的作品，我会重新按照他的想法和要求去创作，但是绝对不能复制，更不能反复去卖！"

听了女儿的话，我十分感动，也十分自豪。虽然她只有11岁，但她已经有了正直、善良的品格，没有为了自己的利益而损害别人的利益。我希望她永远都能保持这种优秀的品格。

最后，多为孩子提供实践的机会。

很多时候，正直善良等优秀的品格并不是口头说说就能拥有的，而是要付诸实践。在孩子刚刚学会做正直善良的人的时候，父母就要为他们提供一些实践的机会，引导孩子帮助别人，如参加社区组织的义工活动等，或者主动担任一些职务，为集体做一些事情。

同时，父母也可以多和孩子聊一聊新闻中他人的善举，让孩子明白，正直善良的行为既能为别人提供帮助，也能让自己获得更多的快乐和幸福。

帮助孩子建立真正的自信

现在很多父母都会让孩子学很多才艺，因为他们觉得这样能让孩子更自信。如果其他孩子都有才艺，自己的孩子却没有，那么自己的孩子可能会感到自卑。

我在工作中接触过很多父母，他们都有类似的观点。他们希望孩子变得自信，并积极地帮助孩子建立自信，这完全没问题。但是，如果要依靠才艺这类外在的表现去帮孩子建立自信，我认为是不可行的。因为一旦孩子在这个过程中遭遇挫折和失败，他们好不容易建立起来的自信就可能变成自卑。

我有一位朋友，他的孩子从小到大一直都很优秀，不但学习成绩好，还有很多才艺，成长之路可以说是一帆风顺。高考后，这个孩子顺利地考取了国内的一所名校。然而，他进入大学后才发现，自己在大学里就是很普通、很渺小的存在，比自己强的人很多。自己的那点所谓的"才艺"，和其他同学的才艺比起来，根本不算什么。这让孩子产生了巨大的心理落差，甚至一度闹着要退学。

那我的朋友是怎么做的呢？

他在了解情况后，既没有责备孩子，也没有直接让孩子退学，而是在跟孩子深谈几次后，为孩子联系了一个校园公益项目，鼓励孩子去尝试一下，并表示完全相信孩子能够做好。

从那以后，这个孩子就在父亲的鼓励和支持下，慢慢调整自己的状态，接受自己的普通。在这种心态的影响下，他不但再次变得自信起来，学习也逐渐步入正轨。

很多时候，孩子并不是不自信，也不是不能接受失败，只是从小到大走的路太顺了，听到的表扬太多了，对自己的能力缺乏正确的认知。这时，一旦外界环境打破他们的固有认知，就会击溃他们以前建立起来的自信，让他们变得自卑。

可见，光靠外在的表现是很难帮助孩子建立起真正的自信的。想让孩子获得真正的自信，父母还是要采用一些有效的方法。

首先，做孩子的欣赏者，而不是批评者。

我们都知道培养孩子兴趣爱好的重要性，但很多父母却习惯把自己的喜好当成孩子的"兴趣"。如果孩子想做一些自己喜欢的事，父母就认为孩子是在"瞎折腾""浪费时间""不务正业"等。这些看法很容易破坏孩子的自信。

如果孩子想做一些自己喜欢的事，哪怕你觉得不重要，或者没有用，最好也能做个欣赏者，支持孩子去尝试。

我曾看过一个采访，被采访者是一名颇有正能量的演员。他说，自己上小学时就喜欢玩滑板，当时身边的大人都觉得他不务正业，不好好学习，学这个没有用。

但是，他的妈妈却一直支持他玩滑板，还经常夸他努力，夸他技术又有了长进。更重要的是，妈妈会夸他有自己的爱好和目标。在妈妈的支持下，他也觉得自己很棒，在学习一项很有意义的运动的技能。

长大后，他虽然成了一名演员，但一直没有丢掉玩滑板这项爱好，而这项爱好也给他带来了很多优质的资源。

很多在大人看来"不务正业"的爱好，未来恰恰可能会帮助孩子成就一番事业。如果孩子喜欢和学习的是一些有益于身心健康的活动，作为父母，我们要用欣赏的眼光去看待，而不是批评和否定，这样才能不断放大孩子的优点，激发孩子的动力，让孩子从中体会到"赢"和"进步"的感觉，并获得价值感。

其次，学会在孩子面前示弱。

有些父母在孩子面前表现得特别强势，生怕丧失了自己的权威，结果导致孩子说话做事唯唯诺诺，缺乏自信。

真正会教育孩子的父母，恰恰不是这些在孩子面前表现得强势的父母，而是善于示弱的父母。他们会在孩子面前适当地展示自己的"脆弱"，让孩子来帮他们做一些事情或解决一些问题。比如，妈妈想让孩子出去活动活动，孩子不想去，妈妈就对孩子说："你看妈妈一天都没锻炼身体了，就等你放学回来陪妈妈一起去。现在外面天都要黑了，如果你不陪我，我自己都不敢出去了！"孩子一听，想要保护妈妈的意识可能一下子就会被激发出来，他不但会痛痛快快地陪妈妈出去，内心的勇敢、自信也会被激发出来。如果此时再给孩子一些恰当的夸赞，相信孩子会更勇敢、更自信。

最后，注意培养孩子的韧性。

有科学研究表明，韧性是孩子取得成功的首要因素。要培养孩子的韧性很简单，可以在日常生活中多带孩子参加一些体育活动，比如爬山、长跑、远足等。这些活动都需要顽强的毅力才能完成。经常带着孩子一起参加体育活动，可以让孩子不断突破自己的体能极限，享受成功的快乐。

比如，你可以和孩子一起规划远足路线，一起做各种物质上和精神上的准备，如准备衣物、食物、水等，让孩子考虑好中途累了该怎么给自己打气。远足当天，你要和孩子一起坚持完成这项活动，并在完成后给予孩子一份大大的奖励。

经常参与这些活动，可以锻炼孩子的毅力和韧性，从而让孩子具备越挫越勇的精神，并建立起自信。

事实上，要在生活中培养孩子的自信并不难，只要父母不打压孩子，多给孩子表现自己的机会，多让孩子看到自己的能力和价值，孩子就会从内心深处产生自信。如果你动不动就拿出父母的权威打击孩子、批评孩子，把孩子教训得像一只乖巧的小猫，他又怎么可能变得自信呢？

03.

允许孩子做独一无二的自己

我经常替现在的很多父母着急，他们逼着孩子学这个、学那个，却从不问孩子自己想学什么。一旦孩子表现出不想学的状态，他们要么给孩子讲一堆大道理，要么对孩子一通批评，然后强迫孩子继续学。

说实话，我为处于这种环境中的孩子感到悲哀。虽然父母是真心为孩子好，但却忽略了孩子是独立的个体。更重要的是，父母真的能为孩子的未来负责吗？父母知道这个世界20年、30年后会发展成什么样子吗？

在今天的社会评价体系中，数学学得不好的孩子，被认为是学习不好的孩子；语文学得不好的孩子，也被认为是学习不好的孩子；甚至连外语学得不好的孩子，也被认为是学习不好的孩子。原因在于，这些孩子可能以后考不上好大学。殊不知，这样的标签贴在孩子身上，可能会让孩子一辈子都抬不起头。

事实真是如此吗？

如果我们仔细研究一下，就会发现，孩子某一门甚至某几门学科的成绩不好，并不代表他学习不好，可能只是说明孩子的天赋不在这几个方面而已。

享誉全球的教育家卡尔·威特虽然已经离开一个多世纪了，但他的思想却深深地影响着全球很多家庭，很多教育学者更是把卡尔·威特的教育思想奉为珍宝。

卡尔·威特年轻时曾有过一个孩子，但那个孩子后来夭折了。直到52岁，他的第二个孩子小卡尔·威特才来到他的身旁。但天不遂人愿，小卡尔·威特一生下来就显得有些呆傻。身边很多人都不看好小卡尔·威特的未来，就连他的母亲也非常担忧。

只有卡尔·威特坚持不放弃孩子，他查阅了大量书籍，并从法国思想家爱尔维修那里获得了灵感："即使是再普通的孩子，只要教育得法，也将成为不平凡的人。"为了达到这个目标，卡尔·威特到处寻找激发这类孩子天赋的方法。在孩子3岁之前，他就经常给孩子听音乐，以培养孩子的艺术情操，还运用各种方法锻炼孩子的感知力。同时，他还经常带孩子到大自然中，和孩子一起研究不同的动植物、地形地貌、河流山川等，教给孩子的知识涵盖了生物学、物理学、化学、地质学、天文学等几乎所有学科。小卡尔·威特很喜欢植物，他采集了成堆的标本，还用显微镜仔细观察，并写出了有趣的散文。

卡尔·威特在教育孩子的过程中，拒绝任何逼迫孩子学习的行为和急功近利的做法，并始终坚持一个原则：培养孩子的兴趣，让孩子乐于学习，在玩耍中尽情地享受学习的快乐。如果孩子在学习中出现问题，卡尔·威特也总是先耐心地和孩子沟通，弄清楚发生了什么事，再对症下药，把孩子引导到正确的道路上。这样的教育方法可以达到事半功倍的效果。

结果，卡尔·威特这种独特的、有针对性的教育方法，不但令小卡尔·威特没有落后于其他同龄的孩子，还让他成为远近闻名的天才，最后成为德国柏林大学的法学教授。

每个孩子都有自己的天赋，只要父母能真正地接纳孩子、欣赏孩子，就能让孩子获得更好的发展。就像尼采所说的："每个人都是一个一次性的奇迹，每个人只要严格地贯彻他的唯一性，他就是美而可观的，就像大自然的每个作品一样，新奇而令人难以置信，绝对不会使人厌倦。"

因此，真正让孩子变得强大，不是让孩子成为其他任何人，而是让孩子成为独一无二的自己。作为父母，我们要做到以下几点。

第一，让孩子认识自我。

自我包括主观自我（我眼里的自己）和客观自我（别人眼里的我）。我们要让孩子认识自己的身体特征、生理状况和心理特征，以及自己在家庭、学校和社会中的价值与地位等。比如，"我身材苗条、身体健康、乐于助人"，这就是孩子对自己身心特征的认识，是主观自我。

同时，我们还能通过别人对孩子的认识，帮助孩子认识自己，如别人认为孩子很懂事、很善于交往等，这就是客观自我。

第二，让孩子接纳自我。

通过自己对自己的认识和别人对自己的认识，孩子就会对自己产生评价。这时，我们要利用积极的评价来帮助孩子建立自信和自尊。

当然，人无完人，我们不但要帮助孩子认识自己的优点，还要引导孩子接纳或弥补自己的不足。对于孩子身上主观存在的不足，如偏科、情绪不稳定等，我们可以帮助孩子慢慢做出改变；而对于孩子身上客观存在的不足，如个子矮小，甚至一些肢体缺陷等，我们要引导孩子全面认识和评价自己，多看自己的优点，不执着于自己的不足，或者换个角度欣赏自己，接纳自己的不完美。

第三，帮助孩子调节自己的情绪。

孩子在成长过程中会遇到各种各样的烦恼，我们要帮助孩子学会调节自己的情绪，让孩子能够正确面对自己的学习、生活，乃至未来的人生。

同时，我们还要为孩子提供各种培养兴趣的机会，帮助孩子找到自己的特长，让孩子能在自己喜欢、感兴趣的领域尽情学习，尽可能地发挥出自己的潜力和天赋。在这个过程中，孩子也会不可避免地遇到困难，产生退意，我们要及时帮助孩子调整自己的情绪，增强战胜困难的勇气。

总之，优秀的父母不在于能教孩子多少知识，而在于能帮助孩子更好地认识自己、了解自己、接纳自己，鼓励孩子成为独一无二的自己，让孩子找到自我的价值。

04

支持孩子做自己热爱且擅长的事

　　我此前在网上看到了著名数学家丘成桐的一个采访，他一针见血地指出了当前家庭教育中存在的问题，那就是只要是家长认为最好的路，他们一定会要求孩子去走。在他看来，很多家长看似无私，其实很自私，他们更在乎的是自己的面子，而不管孩子是不是喜欢、擅长做某件事，就强迫孩子去做。

　　丘成桐还分享了自己两个孩子的状况，他说，他的两个孩子对数学都不感兴趣，并坚持走自己的路。小儿子大学毕业后，便致力于研究艾滋病。丘成桐周围的很多朋友对此都不理解，可是他全力支持，因为孩子已经长大了，这是他的人生、他的主张，自己不应该反对。

　　但是，现在很多父母的做法却刚好相反，他们自己年轻时没有实现的目标、梦想，就想让孩子来帮他们实现，他们完全不管这些目标、梦想是不是孩子喜欢或擅长的。殊不知，这并不是对孩子真正的爱。我们不否认父母对自己孩子的爱，父母也希望把最好的东西都给孩子，但是，这样的爱除了会让孩子感到压抑和窒息外，更会让孩子迷失方向，失去对自己人生的选择权和掌控感。

心理学上有个概念叫"非爱行为"，指的是经常以爱的名义对自己最亲近的人进行控制，让对方按照自己的意愿去做事。这种现象在很多家庭中都存在。

我曾接触过一个孩子，他从小喜欢文科，但他妈妈不允许他学文科，非要让他学理科。妈妈甚至骗他，说上大学以后从理科转文科很容易，他可以先读理科，以后如果真的不喜欢，可以再转文科，又不会损失什么，于是他就相信了。为了实现自己的梦想，他拼命学习，高考也考出了不错的分数。他很高兴，终于能进入自己理想的大学了。

然而，现实却给他泼了一盆冷水：在填报志愿时他发现，自己喜欢的专业全都不招理科生。最后他只好选了一个不喜欢的专业，入学后费了很大的劲，才又转到一个自己比较喜欢的专业。

这件事让他一直耿耿于怀，甚至好几年都不愿意回家见自己的妈妈。

这样的爱确实令人窒息。很多父母可能不认同这种说法，认为自己对孩子的爱就是无私的，自己做的一切都是"为孩子好"，是为了让他们未来的路走得更轻松、更顺利。但事实上，这样的爱本质上只是父母的自我安慰，是套在孩子身上的情感枷锁，严重的甚至会束缚孩子一生。

真正对孩子无私的爱，应该是支持孩子做他们热爱且擅长的事，支持孩子走自己喜欢的路，把人生的选择权交给孩子。哪怕结果可能不如父母所愿，但这是孩子自己的人生，孩子乐在其中就足够了。生命本来就是一场体验，并不需要凡事都得到好的结果。结果其实也没有绝对的好与坏，考上名牌大学就一定是好结果吗？如果这是好结果，为什么很多孩子考上名牌大学后反而抑郁了？找到一份好工作就一定是好结果吗？如果孩子不能适应这份工作，那么他在工作中的每一分每一秒都在煎熬。

每个孩子都有自己的兴趣与天赋，也都能找到自己与世界和睦相处的方式，父母要做的，就是帮助孩子找到自己的兴趣与天赋所在，激发他们的梦想。真正有梦想的孩子是会自己奔跑的，根本不需要父母催促。古希腊哲学家苏格拉底就说过："世界上最快乐的事，莫过于为理想而奋斗。"

所以，对孩子自己喜欢、热爱和擅长的事，父母应该给予鼓励和支持。当然，孩子毕竟年纪小，对一些问题可能看得不够清晰，父母还要做他们的好帮手。

首先，给孩子设定合理的期望。

说起对孩子的期望，很多父母都会说希望孩子身心健康、善于社交、有好的前途等。

而一项调查显示，在父母对孩子提出的期望中，有一半以上都是出于父母自己的想法，也就是出自父母自己心中没有实现的愿望。而这种期望对孩子来说，可能就是不合理的。

世界上原本就没有完美的孩子，父母与其强行要求孩子在各个方面都尽善尽美，倒不如放下心中的执念，只要求孩子尽力即可。给孩子设定合理的期望，让孩子从自己的兴趣出发，找到学习和发展的动力，孩子才能更加健康地成长，也更容易形成良好的品格。

其次，允许孩子拒绝和选择。

在培养孩子的过程中，父母总会不可避免地给孩子各种建议和意见，这是做父母的义务。但同时，孩子可以接受，也可以拒绝，这是孩子的权利。

我有一位朋友，是名校毕业的高才生。他结婚生子后，自然也希望儿子能像自己一样，上名校、学与科技相关的专业，但他儿子偏偏喜欢体育运动，希望自己能成为一名优秀的运动员。他一开始很不甘心，给孩子做思想工作，后来突然就想通了，觉得孩子选择自己热爱的事情，并愿意为之努力，也没什么不好的。孩子在这个过程中获得了很多快乐，养成了积极、乐观、不畏困难和失败的品格，这不是一件很好的事情吗？

于是，他就和儿子做了一个约定：他支持儿子的选择，但要求儿子坚持下去并努力做到最好。

孩子只有走在自己选择的道路上，才更愿意去成长、去发展，因为这是他们自己的选择，他们也愿意全力以赴，为实现目标付出一切。而父母期望中的孩子，不就是这样的吗？

最后，给孩子设定清晰的、不可逾越的行为底线。

允许孩子做出自己的选择，支持孩子做自己热爱且擅长的事，不代表父母就能对孩子放任不管。孩子毕竟年纪小，其人生观、价值观等还没有完全形成，这就需要父母为孩子设定清晰的、不可逾越的行为底线，告诉孩子哪些事可以做、哪些事绝对不能做。

巴菲特曾经说，在追求财富的路上，他会追随自己的兴趣，做自己热爱的事。他还说，每天早上醒来想到能做自己喜欢的工作就觉得兴奋，这样就更有动力去创造财富。

孩子的成长也是如此。如果父母能支持孩子的兴趣爱好，尊重孩子的选择，允许他们去做自己热爱且擅长的事，孩子就会在这个过程中获得更多的快乐和满足感，同时也更容易养成积极、乐观的品格。

培养懂得感恩的孩子

我之前听过这样一个故事，说的是一个名牌大学的毕业生到一家大公司应聘，让他惊讶的是，面试官并没有问他的专业水平、学历情况等，而是注视着他的脸，出乎他意料地问："你替父母洗过脚吗？"

大学生感到很意外，但还是老老实实地回答："从来没有洗过。"

"那么，你替父母捶过背吗？"面试官又问。

大学生想了想，说："以前捶过，但那是在我很小的时候，我记得那次母亲还给了我10块钱。"

大学生离开时，面试官对他说："明天这个时候请你再来一次，但有个条件，就是希望你明天来之前，先为父母洗一次脚，能做到吗？"

大学生虽然从名牌大学毕业，但家境贫寒，父亲在他很小的时候就去世了，是母亲拼命挣钱，供他一直读到大学。虽然很辛苦，但母亲毫无怨言。

　　大学生回到家后，母亲还没有回来。等母亲回来后，他表示要为母亲洗脚。母亲感到很奇怪，大学生就把自己去面试的经历说了一遍。母亲便马上按照儿子的要求坐好，等儿子端来水盆后，她把脚放在水里。

　　大学生握住母亲的脚，才发现母亲的脚底已经布满了老茧，他不由得潸然泪下。

　　第二天，大学生如约到达那家公司，对面试官说："现在我才知道，母亲为我受了很多苦。您让我懂得了在学校没有学过的道理，谢谢您！以后我要好好照顾母亲，不让她再那么辛苦。"

　　面试官满意地点点头，说："你明天就过来上班吧。"

　　大学生可能没想到，自己仅凭给母亲洗脚这件事，就能顺利地进入这家大公司。实际上，这正是很多大公司招聘员工时所看重的品质，就是应聘者是否有感恩之心。因为一个有感恩之心的员工，往往也更有责任感。

　　在日常生活中，绝大多数父母都对孩子倾注了全部的爱。

一部分孩子从小到大都有感恩之心，对父母的付出充满感激之情；但也有不少孩子不懂得感恩，甚至在长大后以怨报德，这让父母异常焦虑。出现这样的现象，与父母对孩子的教育方式紧密相关。

那么，在培养孩子的过程中，父母要怎么做，才能培养出懂得感恩的孩子呢？

首先，成为孩子的榜样。

在家庭教育中，身教比言传的影响更大，孩子往往不看父母怎么说，而是看父母怎么做。要想让孩子懂得感恩，父母就要在日常生活中以身作则，潜移默化地影响孩子。如果父母懂得感恩，就会对孩子产生积极的影响；如果父母总是抱怨，孩子同样也会如此。

所以，当我们平时得到别人的帮助或收到礼物时，一定要学会感谢对方；当我们的父母过生日或过一些纪念日时，我们也要向父母表示感谢，感谢他们养育我们，给予我们安稳的生活。孩子看到我们的所作所为，耳濡目染，就会做出同样的行为。

其次，欣然接受孩子的"给予"。

在生活中，当孩子想要帮父母做事时，父母一定不要说

"不用你管，你把学习搞好就行了"，这样不但会挫伤孩子的积极性，还会让孩子不懂得感恩，认为父母做什么都是应该的。孩子只有懂得付出，才会懂得珍惜、懂得体谅。

因此，当孩子送你礼物时，不管礼物如何，你都要欣然接受，并对孩子表示感谢。你还可以把这个礼物展示给亲戚朋友看，让孩子知道你收到他的礼物时是多么开心、多么欣慰。另外，你可以通过"你是一个懂得感恩的孩子，妈妈很欣慰"等话语，让孩子体会到感恩带来的快乐和满足感。

最后，培养孩子关心他人的能力。

在日常生活中，父母可以借助一些公益活动，让孩子了解到世界上还有许多需要帮助的人，从而引导孩子关注身边那些需要帮助的人，让孩子懂得关心他人是一件非常有意义的事。

感恩不仅是一种情感，更是一种人生境界的体现。让孩子懂得感恩，也是培养孩子责任感的重要基础。只有懂得感恩的人，才懂得为别人付出；只有具备感恩之心的人，才会认为自己有责任去回报社会。

06

鼓励孩子忠于自己的内心

我曾看过一部影片——《狗十三》，相信很多人都看过这部影片。说实话，看完这部影片，我的心情十分沉重、复杂。

影片中 13 岁的女孩李玩，从最初敏感、倔强，有自己的兴趣爱好，到后来变得听话、麻木、忧郁。

影片中故事的起因是李玩的爸爸修改了李玩的兴趣小组志愿，为了给李玩道歉，他送给李玩一只小狗。

可是，当李玩和小狗建立了感情后，爷爷却弄丢了小狗。大人们为了不去找小狗，便新买了一只小狗骗李玩说，这就是原来那只小狗。李玩没有计较，接受了买的小狗。

然而好景不长，因为弟弟不喜欢新买的小狗，爸爸又把这只小狗卖去了狗肉店……

在这些事件中，李玩所有的反抗、不满都无效。因为失去了小狗，她在爷爷家闹脾气，但却被爸爸狠狠地"教训"了一顿，爸爸还逼着她一遍遍地给爷爷奶奶道歉。李玩吓得发抖，跟爷爷奶奶道歉后，她跑到洗手间，一个人哭了很久。

爸爸的"教训"很有效，从那之后，李玩变乖了、听话了、懂事了，似乎一下子"长大"了。

其实，爸爸完全有更好的教育方法，比如承认弄丢小狗是大人的错，然后安抚女儿，陪女儿一起寻找小狗，哪怕最终找不到，也可以让女儿哭出来，发泄负面情绪……但是，爸爸却选择了最伤害女儿的方式：压制她。

这虽然是一部影片，但我相信李玩所在的家庭就是现实中很多家庭的缩影。父母内心爱着孩子，行为上却做着各种伤害孩子的事，不允许孩子"忤逆"自己，哪怕孩子不情愿；甚至在孩子遭受别人的伤害时，也只是劝孩子"忍一忍"。殊不知，孩子真正的成长是一种忠于自己内心的自我释放。因为只有听从自己内心的声音，他们才能形成完善的自我和独立的个性，未来也才能真正主宰自己的生活。

微软公司联合创始人保罗·艾伦，一生就过得非常精彩。他不但与比尔·盖茨一起创立了微软公司，还拥有两支球队、一个脑科学研究所；他投资飞行公司，用私人飞行装置把人送上太空，实现了小时候的梦想；他的一艘潜艇甚至还为考古做出过贡献；他的电影公司的作品获得过大奖；他自己还是一名演奏家……其中的每一项事业，都是他的兴趣所在，他也始终忠于自己的内心而活。

保罗能这样肆意地过自己的人生，与他的原生家庭对他的影响是分不开的。他的父母都是非常关注自己内心感受的人，他们从小就反复告诉保罗：长大后要做自己喜欢的事情，那才是更好的选择。而他们将对待自我的态度也贯彻到对保罗的教育当中。保罗从小喜欢化学，在家里做实验，不小心导致爆炸，虽然没有伤到人，但还是很危险。对此，父母只是叮嘱他注意安全，却并没有阻止他继续做实验。保罗喜欢研究电路，父亲就给他买了一台机器，让他自己研究。

试想一下，在保罗的成长过程中，如果父母压制他的兴趣，告诉他那些都是不务正业，让他懂点事、听点话，可能就没有后来那么出色的保罗了。

我在跟一些父母沟通时，他们总是跟我说希望孩子听话一些、懂事一些，少让他们操点心。每当遇到这样的父母，我都会为他们的孩子担忧。我更希望父母不要以自己的绝对权威来教育孩子或在家里搞"一言堂"。那些乖孩子、只懂得服从的孩子，最终很可能会成为内心软弱、没有自我、只会迎合别人的人；只有懂得遵从自己的内心，做自己想做且可以做到的事的孩子，未来才可能有所成就。

所以，当遇到那些只希望孩子乖巧、听话、懂事的父母，我都会给他们以下两个建议。

首先，不要压抑孩子的天性。

有些父母跟我反映说，自己的孩子性格太内向了，不爱跟人打交道；或者自己的孩子太调皮了，不听话。他们试图改变自己的孩子，却不知道该怎么改变，希望我给他们提供一些方法或帮助。

可是，我不理解的是，父母为什么非要让孩子变成自己喜欢的样子呢？孩子就是不爱跟人打交道，这又有什么错呢？

真正爱孩子的父母，会坦然地接纳孩子的性格特质，因为每个人生来就是不同的，尤其是一些特质属于先天因素，靠后天的主观努力很难改变。如果父母非要按照自己的期望改变孩子，对孩子来说，他就要付出很大的代价，因为他不得不去对抗自己的身体和心理的本能。

其实，无论什么样的孩子，只要不压抑他的天性，允许他放松地做自己，他就能按照自己的方式愉快地成长和生活，并且也更愿意主动改变自己以适应周围的环境。

其次，接纳说真话的孩子。

孩子忠于自己的内心，跟父母说真话，这是一种真实而自然的状态，也能让孩子诚实、真诚、勇敢、自信等美好的特质更好地得到发展。当然，有些父母可能出于各种顾虑，不希望孩子这样做，于是就批评、指责孩子，甚至想方设法改变孩子。

可是，如果父母经常这样对待孩子，孩子就会质疑自己，以后可能慢慢就变得不敢说真话了。这样的孩子看起来好像变乖了，其实他们的内心是很痛苦的。

孩子按照自己内心的想法说话、做事并没有错，父母应该给予理解和接纳，这样孩子才会觉得自己有不同的想法和感受是正常的、是可以被接受的。如果父母能做到这一点，孩子就可以避免陷入内在的纠结。如果孩子的一些言行不恰当，父母可以采取恰当的方式引导孩子，或者让孩子自己承担不好的后果，促使孩子自己去调整、去成长，而不是强迫他们必须按照父母的要求和期望说话、做事。

父母对孩子的接纳、包容、鼓励与支持，是孩子成长过程中的底气。而孩子也会带着这份底气勇敢地做自己喜欢的事，追求自己喜欢的人生，成长为自信、乐观、坚强的人。